四十九日法要・一周忌法要・三回忌法要

各種法要の返礼品は ギフトの相談窓口 フジキへ

適正価格　安心宣言

四十九日法要の返礼品は、お世話になった方への、故人最後の贈り物です。
フジキは、その大切な贈り物を喪主様のお気持ちに寄り添い、
高品質な商品のご提案、会場へのご納品まで心を込めてお手伝い致します。
店舗で現物を確認できる、専門スタッフがいるから安心、
贈り物専門店として、高品質・適正価格・安心をお約束します。

フジキのお買上特典

- **金封お買上の方に**「金封の表書き無料」（毛筆でお書き致します）
- **ご予約の方に**「法要案内ハガキの印刷」無料
- **お品の数だけ**「挨拶状（封筒付）」無料
- **お買上の方に**「喪中欠礼ハガキ（1万円お買上で10枚）」無料
- **発送の場合は**「特別送料」でお届け

※その他お得なサービスを多数掲載した「四十九日法要専用カタログセット」「法要カタログセット」をフジキ各店にてご用意しております。下見だけでも構いません。どうぞお客様のご都合でお気軽にご来店ください。また、お出かけにくい場合はご一報いただければ、専門担当者がカタログセットをご自宅にお届け致します。

 ギフトの相談窓口 フジキ　フリーダイヤル **0120-147-096**
［本部］島根県松江市東出雲町意宇南2-1-1
営業時間10:00〜19:00
ひとには　いいしな　おくろう

大田店
☎0854-84-0330

出雲店
☎0853-21-8000

松江田和山店
☎0852-25-1251

松江学園通り店
☎0852-31-8000

安来店
☎0854-22-1600

米子店
☎0859-38-5141

故郷に安心ひろがる
葬祭会館セレモール

2024年島根県内ナンバーワン 厚生労働省認定 葬祭ディレクター技能審査 1級資格保有者数

あらゆるニーズにお応えできる葬祭会館

新型コロナウイルス感染防止 ガイドライン実施宣言

アットホーム葬会館

セレモール出雲 （塩冶町）
〒693-0021 出雲市塩冶町 911-2
TEL(0853)20-7700　FAX: 20-7711

セレモール出雲 ｜東館｜ （塩冶町）
〒693-0021 出雲市塩冶町 1159
TEL(0853)20-7700　FAX: 25-9399

セレモール斐川 （斐川町 直江）
〒699-0631 出雲市斐川町直江 4788-1
TEL(0853)73-9900　FAX: 73-9901

セレモール浜山 （江田町）
〒693-0056 出雲市江田町 80
TEL(0853)31-9377　FAX: 31-9388

家族をつなぐ葬祭セレモニー会館

セレモール松江 （松江市 東津田町）
〒690-0011 松江市東津田町 2111-3
TEL(0852)28-6002　FAX: 28-6003

いつまでも ずっとそばに
一日一組のアットホーム葬®
「アットホーム葬」は公善社の商標です

温かな笑顔に包まれる小さな家族葬ホール

家族葬ホール ゆずりは
〒693-0021 出雲市塩冶町1155
TEL(0853)20-7700

いつでもご自由に施設をご覧いただけます。

あなたの町の葬儀屋です。

公善社
〒693-0021 島根県出雲市塩冶町 957-5
TEL (0853)23-6002　FAX (0853)23-6824
E-mail: info@izumo-kouzensha.co.jp
www.izumo-kouzensha.co.jp

香典返し・四十九日法要・年忌法要のご用命は
下記の店舗にてご相談承ります

三刀屋店

〒690-2403　島根県雲南市三刀屋町三刀屋 1724-10
TEL：0854-45-3355　　FAX：0854-45-2166

〈三刀屋店ご案内図〉

斐川店

〒699-0631　島根県出雲市斐川町直江 5041-2
TEL：0853-72-4455　　FAX：0853-72-4460

〈斐川店ご案内図〉

松江店

〒690-0012　島根県松江市古志原 3-17-17
TEL：0852-26-7760　　FAX：0852-27-7135

〈松江店ご案内図〉

シャディギフト こばやし

さがみ典礼
さようならが あたたかい

わたしたちは、常に地域の皆さまと密着した斎場でありたいと考えています。
どうすればもっとご遺族に寄り添えるのか。どうすれば故人様にもっと敬意を払えるか。
どうすればもっと参列者の皆さまに快適にお過ごしいただけるか。
こうしたスタッフの思いを実現する充実の設備で地域の皆さまをお迎えいたします。

- 安置可能
- 宿泊可能
- 駐車場 150台
- バリアフリー
- 音響設備
- AED設置
- 駅徒歩20分

対応可能なご葬儀の規模

- 小規模 ～30名
- 中規模 30～200名
- 大規模 200名～

さがみ典礼出雲葬斎センター
島根県出雲市渡橋町40-2

● 山陰本線出雲市駅より徒歩20分
● JR出雲市駅より車で3分

Contents①

第1章
11 終活のススメ
～どうする？ 葬儀・お墓・財産分与～

- 12 ●どうする？「終活」 気になる5つの疑問
- 14 ●自分の考えを家族に伝えよう
- 16 ●今どきの葬儀スタイル
- 18 ●葬儀社選びと生前予約
- 20 ●今どきの埋葬スタイル
- 22 ●お墓を準備する
- 24 ●先祖の墓の改葬
- 26 ●遺言について
- 28 ●遺言書の作成例
- 30 ●遺言の撤回と変更
- 32 ●生前贈与を活用する

第2章
35 葬儀の備え
～家族をきちんと見送るために～

- 36 ●危篤から法要までの主な流れ（仏式）
- 38 ●危篤と臨終を告知されたら
- 40 ●葬儀の方針と葬儀社について
- 43 ●喪主・世話役を決定する
- 44 ●葬儀のあり方　一般葬（遺体の安置と枕飾り）
- 46 ●葬儀のあり方　一般葬（通夜を執り行う）
- 48 ●葬儀のあり方　一般葬（葬儀と告別式を執り行う）
- 50 ●葬儀のあり方　家族葬
- 52 ●葬儀のあり方　直葬（火葬式）
- 53 ●葬儀のあり方　無宗教葬
- 54 ●気になる葬儀の費用
- 55 ●戒名について
- 56 ●遺骨迎えと初七日法要
- 57 ●一般的な神式の葬儀の執り行い方
- 58 ●出雲大社教の葬儀の執り行い方
- 59 ●出雲教の葬儀の執り行い方
- 60 ●キリスト教式の葬儀の執り行い方
- 61 ●葬儀の備え なんでもQ&A

さつき祭典会館

一般葬ホール

家族葬ホール

家族葬会館

故人様の「想い」
ご遺族様の「想い」を
「かたち」に致します

悔いのないご葬儀を

株式会社 さつき祭典

真心のこもったお見送りを
葬儀のことなんでもお聞きください

〒691-0011 島根県出雲市国富町888-1
TEL：0853-62-0556
FAX：0853-62-0557

ご葬儀のご依頼・ご相談は **24時間｜年中無休**

TEL **0853-62-0556**

よりそうこころのまんなかに。
心のこもった暖かいお葬式をお約束します。

ひょうまグループのセレモニーホール　　事前のご相談を承っております。お見積もりも無料で作成いたします。

家族葬 わすれな
ひょうまのお葬式

24時間365日対応
0800-888-9401

松江浜乃木ホール

松江春日ホール

わすれな

中海葬儀社

株式会社 中海葬儀社

24時間365日対応
0120-34-0983

米子メモリアルホール

安来メモリアルホール

東出雲メモリアルホール

境港メモリアルホール

だんらん福原

Contents ②

第3章
63 葬儀を終えたら
～大切にしたい葬儀後の習わし～

- 64 ●葬儀後の事務処理とお礼
- 66 ●会葬礼状と香典返し・忌明けのあいさつ
- 68 ●納骨の時期と方法
- 69 ●忌中と喪中の過ごし方
- 70 ●仏壇の購入と拝み方
- 72 ●墓地の基礎知識
- 74 ●お墓の基礎知識
- 76 ●葬儀後の法要、儀式
- 78 ●お墓参りの時期と作法
- 80 ●ペット葬について
- 82 ●葬儀を終えたら なんでもQ&A

第5章
131 参列のマナー

- 132 ●不幸の知らせを受けたら
- 134 ●香典について
- 136 ●弔電・供物・供花について
- 138 ●服装とヘア&メークについて
- 140 ●通夜に参列したら
- 141 ●受け付け・記帳について
- 142 ●仏式拝礼について
- 144 ●神式拝礼について
- 145 ●キリスト教式について
- 146 ●葬儀・告別式に参列したら
- 148 ●法要に招かれたら
- 150 ●参列のマナー なんでもQ&A

151 エンディングノート「絆」

第4章
83 届け出と手続き

- 84 ●死後すぐに行う法的な手続き
- 86 ●葬儀と各種手続きの流れ
- 88 ●葬儀後の手続き一覧
- 90 ●世帯主が亡くなったら
- 92 ●健康保険証などの返却
- 94 ●国民健康保険、後期高齢者医療保険の手続き(葬祭費の申請)
- 96 ●健康保険の手続き(埋葬料の申請)
- 98 ●国民年金・厚生年金の手続き
- 100 ●国民年金加入者の場合(国民年金第1号被保険者)
- 102 ●厚生年金に加入の場合(国民年金第2号被保険者)
- 104 ●高額療養費の払い戻し申請
- 106 ●所得税の確定申告
- 108 ●医療費の控除
- 109 ●生命保険の手続き
- 110 ●事業引き継ぎの手続き
- 112 ●法的な諸手続きに必要な書類
- 114 ●遺言の手続き
- 116 ●遺産相続の手続きとポイント
- 119 ●特別寄与料と遺留分の権利
- 120 ●配偶者による居住権の取得
- 121 ●相続税がかかる財産
- 122 ●金融機関での相続手続き
- 124 ●不動産の相続手続き
- 126 ●株式など有価証券の相続手続き
- 127 ●自動車・ゴルフ会員権などの相続手続き
- 128 ●相続税の申告と納付
- 130 ●届け出と手続き なんでもQ&A

おかげさまで創業130年
仏壇の原田

仏壇を暮らしのなかに。

出雲店 0120-22-7250
出雲市今市町北本町3-1-17
☎ (0853) 22-7250

松江店 0120-15-3587
松江市寺町99-36
☎ (0852) 25-3587

雲南葬祭会館
けいあい

株式会社雲南テクニカルサービス　雲南市三刀屋町下熊谷1422-1
📞 0120-45-7974　☎ 0854-45-5117

信頼と実績で安心のトータルサポート
■家族葬　■会館葬　■社葬　■自宅葬　■寺院葬

MEMORIAL CEREMONY
SOU SEN

家族葬専用 葬仙　松江葬祭会館 TEL.0852-25-8181 〒690-0012 松江市古志原5丁目19番7号	葬仙　比津ホール TEL.0852-55-8181 〒690-0863 松江市比津町31
家族葬専用 葬仙　東朝日町ホール TEL.0852-21-2030 〒690-0001 松江市東朝日町155番地	葬仙　安来ホール TEL.0854-23-8282 〒692-0011 安来市安来町977

些細なことでも、お電話ください。無料でご相談承ります。
通話無料・365日・24時間受付　https://www.sousen.co.jp
📞 0120-444-200

【この本を読む前に】

▼本文は仏式の葬儀を中心に、一般的な葬儀と法要について編集しています。
▼葬儀のしきたりは、地域や宗派などによって異なります。実際に迷ったときは、葬儀社や自治会、親戚、年配者などにお問い合わせください。また、各種手続きを行う際は、必ず関係機関の窓口にご確認ください。
▼仏事などの金額を掲載しましたが、数字はあくまでも目安として参考にしてください。
▼本書に掲載したデータなどは、特に断りのない限り、2024年11月時点で確認したものです。

第1章 終活のススメ
～どうする？ 葬儀・お墓・財産分与～

- どうする？「終活」 気になる5つの疑問
- 自分の考えを家族に伝えよう
- 今どきの葬儀スタイル
- 葬儀社選びと生前予約
- 今どきの埋葬スタイル
- お墓を準備する
- 先祖の墓の改葬
- 遺言について
- 遺言書の作成例
- 遺言の撤回と変更
- 生前贈与を活用する

第1章
終活の
ススメ

どうする？「終活」気になる5つの疑問

Q1 よく見聞きする終活って何ですか？

終活の定義は「誰にでもやってくる最期を受け入れ、人任せにせず、自分らしく、生き生きと暮らすための活動」というものです。決して、人生の終末へ向けた準備だけを指すものではありません。これまでの自分の人生を振り返ることで、この先の人生に目的と希望を見いだし、より楽しく生きるために行うものです。つまり、終活は人生を再起動させるための取り組みの一つといえます。

Q2 終活は何から手を付けるべき？

まずは自分の人生を振り返る作業から始めるべきです。そうすることで、今後の人生に目標を持つことです。そのためには、今を どう楽しく、生き生きと暮らすかを考えることです。そのためには、人とのつながりは重要になってきます。特に一人暮らしをされている人は、「家族や親戚と連絡をまめに取り合う」「近くで一緒に笑える人、困ったときに相談できる人をつくる」など、とにかく孤独感に覆われないようにすることです。また、介護や延命治療が必要になってそれは、自身の死後もついては遺言書と、それぞれの違いを理解し活用しましょう。

次にそれを家族と共有できるよう、「エンディングノート」「遺言書」「自分史」などの形として記録する必要があります。特に、家族とのコミュニケーションが生まれ、形式や書き方にとらわれることなく自由に記せるエンディングノートはお勧めです。

Q3 終活の目的について教えてください

終活の最大の目的は、えておくことも、終活の役割です。誰しも自分がこの世を去った後、遺族が困らないようにしたいはずです。そうした意味でも、終活は家族との絆を深める取り組みでもあるのです。

ついてなど、家族に伝えたいことをしっかりと伝えるものとして、大切な家族を支えるアイテムとなるでしょう。エンディングノートに取り組むことで、家族と話す機会が増えればなお理想的です。

気をつける点は、エンディングノートは遺言書と違い、法的な効力が一切ないことです。財産の分け方について詳細を明記しても、その効力は発揮されません。自分の葬儀やお墓の希望、延命治療などに対する考えを伝えるのがエンディングノート。財産の分け方については遺言書と、それぞれの違いを理解し活用しましょう。

Q4 エンディングノートと遺言書の違いは？

エンディングノートは備忘録であり、家族への手紙でもあります。そして、自身の死後も故人の存在をいつまでもそばに感じることができしましょう。

12

第1章 終活のススメ

● どうする？「終活」 気になる5つの疑問

Q5 自分らしいお葬式をするにはどうすればよいですか？

人生の集大成ともいえる自分の葬儀をどうしたいのか。まずは自分らしい葬儀について、真剣に考えてみることです。遺族にとっても、故人の考えを遺志と受け止め、それを葬儀に反映させられたことが、後々心のよりどころとなります。

自分自身が後悔したくない、家族に後悔させたくない。または、余分な費用で負担をかけさせたくないと思うなら、一度葬儀社に相談してみることをお勧めします。

元気なうちから備えよう

そろそろ意識してみませんか。身の回りの整理

エンディングノートをいきなり書くことは難しいかもしれません。エンディングノートは万が一のときに大切です。でも人生の振り返りがなかなかできなくて、途中で書くことをやめてしまう方が多いのです。書いても現実味がないのだと思います。

実は、エンディングノートが書きやすくなる方法があります。それは、近年注目を集めている生前整理を正しい順番でやるといいのです。生前整理では、まず物を整理してから心を整理していきます。物を整理というのは、思い出の品や写真を整理するということ。心を整理とは、これまでの人生を振り返り、そして、自分らしい生き方を考えていくということです。思い出の品と写真を整理していくと、昔のことを段々と思い出していきます。そのときに自分が感じた気持ちも自然に思い出します。そうすると、人生の振り返りがしやすくなってエンディングノートが書きやすくなるのです。

最初にする思い出の品の整理は、4分類で行います。4分類というのは、「いる＝使っている」「いらない＝使っていない」「迷い＝8秒迷ったら、半年後に再考」「移動＝場所の移動・思い出箱」です。思い出の品は、両手で持てるミカン箱くらいの大きさの「思い出箱」に入れておきます。思い出の品が「思い出箱」にまとまっていると、思いっきり思い出に浸ることができます。施設入居時や災害時にも持ち運びしやすくなります。

写真の整理では、生まれたときから現在までの大量の写真の中から、「とびっきりの私」が写っている写真を30枚選びます。ベストアルバムを作るのです。ベストアルバムが1冊あるだけで安心しませんか？ 悲しいことがあったとき、寂しいときに「とびっきりの私」が写っている写真を見ると元気を取り戻せることがあります。心の支えになりますよね。

生前整理は高齢者がするものというイメージがあります。でも年を重ねると記憶力や判断力が弱くなります。体力も落ちてきます。元気なときに、若いうちに、一度立ち止まってみませんか？ 物を整理して、心を整理してみませんか？ そうすることで、これからの人生をどう生きたいのかが見えてきます。生前整理は、毎日を明るく楽しく生きるための「生き活」なのです。

生前整理アドバイザー認定指導員
武樋睦美
新潟市在住。（一社）生前整理普及協会認定指導員。看護師として生死に向き合った経験から、後悔のない楽しい人生を生きる「生き活」をサポートする。

第1章 終活のススメ

自分の考えを家族に伝えよう

お墓の希望／残された家族／遺言／予算
残された人たちのことを考えて、人生をどう締めくくりたいかを考えましょう

人生の最期について考える

葬儀は、亡くなった人が安らかに眠れるように祈るとともに、残された人たちが最愛の人の死を受け入れるための、大切な儀式でもあります。元気なときから、自分がどのように人生を締めくくりたいかを考え、家族に伝えておくことと、万が一の際には遠戚が勝手の分からぬまま葬儀を行うこともあるでしょう。

普段の会話の中で、軽い調子で「葬式はやらなくていいから」などと言われても、どこまで本気なのか、聞いた側は真意を測れません。

葬儀や遺体の扱い、お墓などについて具体的なのか。また大勢の人に集きちんと人生を締めくくりたいと思うのなら、口頭ではなくきちんとした文書で残し、家族に伝えておきましょう。もし葬儀の行い方について親族間で揉めても、文書があれば「故人の希望なので」と方向性が定まりやすいものです。

シングルや子どものいない家庭こそ

最近では、親と子の世帯が同居することも減ってきたため、一人住まいの親が突然亡くなったときには、日ごろの交際範囲などが分からず、戸惑うことになります。また、子のいない家庭や、シングルで過ごす人の場合だと、万が一の際には遠戚が勝手の分からぬまま葬儀を行うこともあるでしょう。

特に子のいないシングルの場合は、お墓など生前から準備しておけるものに関しては、自ら整えておくと安心です。

きちんとした文書に残す

末のエンディングノートを活用するとよいでしょう。

自分の葬儀や遺体、お墓について、どのようにしてほしいのかを周囲の人に伝えておきましょう。

自分の葬儀を考えるポイント

形式

まず、どのような形式の葬儀をしてもらいたいかを考えます。仏式、神式、キリスト教式、信仰している宗教にのっとった形式、あるいは無宗教形式など、どれにしたいのか。また大勢の人に集

14

●自分の考えを家族に伝えよう

第1章 終活のススメ

まってもらいたいのか、家族だけで送ってもらいたいのかなどを明記しましょう。

近では葬儀社の「生前予約」のシステムを利用するれば、自分の希望する葬儀には具体的にいくら費用がかかるのかを見積もってもらえます。

喪主

誰に喪主になってもらうかは、葬儀を行う上での重要なポイントです。一般的には配偶者や子ですが、シングルの場合や希望があるならば明記し、できれば本人にも直接頼んでおきます。

費用

「自分の葬儀にはできるだけお金をかけたくない」と思うのなら、やはりきちんと文書に残し、誰でも納得のいく形で意思を表明しておくことが大切です。

また、葬儀費用について遺族に負担をかけたくないならば、自分で用意することも考えます。最

メモに書いておきます。リストにしておくと安心ですんどで、家族も連絡漏れがないかどうか悩まずに済みます。

遺影用の写真

遺影に使ってほしい写真がある場合は、すぐに分かるところにしまい、家族に伝えておきます。死後、葬儀の準備で慌ただしい中、ふさわしい写真を選ぶのはひと苦労です。本人が希望する写真があると家族は助かりますし、心を込めて遺影と語り合うことができます。

葬儀の前に準備しておきたいこと

菩提寺の確認

自らの葬儀に特別な希望がなくても、遺族が戸惑わずに済むよう、最低限の準備はしておきましょう。

日ごろ、お寺との付き合いのない家庭では、菩提寺がどこなのか遺族が分からないことがあります。墓地が寺院にある場合は、葬儀の際に菩提寺の僧侶にお願いしなければならないので、連絡先などを確認し、きちんと

連絡先のリスト

自分の人間関係について、家族がすべて把握しているとは限りません。危篤になったときや死亡したときに誰に連絡してほしいのか、葬儀には誰に来てもらいたいのか

トラブルを防ぐために

生前戒名について

戒名（法名・法号）とは、本来は生前に授かる仏教徒としての名、つまり生きているうちに受ける名前です。お寺から戒名を授かっておけば、もちろん亡くなったときに使えます。残された人が「戒名代」に頭を悩ますこともなくなります。自分の好きな文字を使ってもらうこともできるので、菩提寺に相談しましょう。

お墓について

「戒名はいらない」と希望しても寺院にお墓がある場合、戒名がないと埋

葬できないケースがほとんどで、新たに墓所を求める必要が生じるかもしれません。故人の遺志に沿った結果、先祖代々の墓に入れなくなると、遺族は頭を悩ませるものです。自分の希望する葬儀やお墓は実際にできるものなのかを考慮しておきましょう。

第1章
終活の
ススメ

今どきの葬儀スタイル

身内だけで別れの時を過ごす家族葬

近年、自分の葬儀は身内だけで静かに見送ってもらいたい、と考える人が増えているそうです。

このように家族をはじめ、ごく親しい友人だけで行う葬儀を家族葬といい、葬儀の準備や会葬に追われることなく、ゆっくりと故人をしのぶことができるというメリットがあります。

しかし、限られた間柄の人だけの見送りとなるため、特に年配の方や世間体を重んじる親戚からは、同意を得られないこともあるようです。

家族葬を希望する場合は、普段からその意思を家族に伝えるとともに同意を得て、さらに、きちんと文章でも残しておきましょう。

家族葬の形を決めるための10カ条

1 誰が喪主になるのか

家族葬でも宗教葬の場合は喪主が必要。一般的には配偶者、子、兄弟姉妹、孫などの中から、身内の状況に応じて喪主を決めること。無宗教葬での願いで家族葬を営む」の場合は、隣近所に「故人の願いで家族葬を営む」ことを説明し、理解を得ておくことが重要。

2 予算の目安は

たとえ身内だけであっても、葬儀の内容によっては一般的な葬儀とそれ

ほど費用が変わらないケースもある。

3 葬儀社はどこにするのか

家族葬の実績が高い葬儀社を調べておき、可能ならば事前に相談しておくこと。棺、火葬場、霊柩車の手配は、葬儀社に任せたほうがスムーズ。

4 会場はどこにするのか

自宅で行うのか、斎場を利用するのか。自宅の人などに、どの範囲まで知らせるか。

5 宗教はどうするのか

宗教葬か無宗教葬か。宗教葬はどの宗教のどの

宗派で、どの寺院（教会）に依頼するのかなどを決めておく。

6 祭壇は必要か

祭壇を設けるかどうか。棺と飾り花だけにするのか。花の種類や費用など、飾りについて内容を詰めておく。

7 不幸を知らせる範囲

親族や親しい友人・知人など、どの範囲まで知らせるか。

8 香典・供物・供花は受け取るか

親族や親しい友人を葬儀に招く際には決めておくこと。葬儀後の対応も同様に。

9 死亡通知をどうするか

葬儀の後、いつごろどのような形で死亡通知をするか。故人が生前にあいさつ文を用意しておくという方法もある。

10 お別れ会は行うのか

身内での葬儀が終了した後、友人・知人を招いてお別れ会を開くかどうか。

通夜を行わない一日葬もある

一般葬と一日葬で大きく異なる点は、一日葬では通夜が省かれるということです。特に喪主や遺族が高齢で、体力的な負担をかけられない場合な

● 今どきの葬儀スタイル

第1章 終活のススメ

どに利用されるスタイルです。
ポイントは、本来執り行うべき通夜を省くわけですから、まずは菩提寺にその旨を相談すること。そして、誰に参列してもらうのかをしっかりと決めておくことです。

より自由を求めるなら無宗教葬という選択も

僧侶による読経などは行わずに、楽器を演奏するなど、特定の宗教や宗派にとらわれない自由な形式の葬儀を無宗教葬、または自由葬といいます。この無宗教葬、または自由葬には、次のようなメリットが挙げられます。

● 慣習や伝統に縛られることがなくなる
● 自分で葬儀を企画できる
● 生前の仕事や趣味に合わせた葬儀ができる
● 祭壇などにかける費用を自由に決められる
● 遺族や参列者に宗教的な問題があっても全員が参列可能

このように、無宗教葬は周囲の理解や協力を得ることができれば、本当に自分にふさわしい葬儀にすることが可能といえるでしょう。

自由なだけに問題点も多いのがデメリット

無宗教葬の最大の短所は、周囲の理解を得られにくいことです。特に年配の方や世間体を重んじる人は「葬式は仏式で」という気持ちがより強いという気持ちがより強いでしょう。また、もともと菩提寺がない場合には、菩提寺・宗派を問わない霊園や公園墓地などを購入すれば問題はありません。

無宗教葬はこうした親族に対して、後のしこりとならぬようきちんと理解を得ることが大切です。

菩提寺に埋葬されないということもある

戒名を受けない無宗教葬では、先祖代々の墓への納骨は不可能となります。どうしても埋葬したい場合は、菩提寺と相談しなければなりません。場合によっては新たに墓を用意することになるでしょう。

わせた葬儀ができる。
そのためには自分が生前にしっかりと意思表示をし、その思いをエンディングノートなどに書き残しておくことです。「父の最期の願いです」と説得すれば、親族も首を横に振ることはないでしょう。

やすらぎのおてつだい＝仏壇・仏具・盆提灯　創業90余年

有限会社 荒銀（あらがね）仏具店

安来市安来町1232　☎0854-22-1728
https://araganebutuguten.com/

17

第1章 終活のススメ

葬儀社選びと生前予約

葬儀業者・団体にはさまざまなスタイルがある

葬儀社には地元密着型の中小規模の業者から、チェーン展開によって知名度も高い大規模な業者があります。

自分の希望する葬儀スタイルに合わせて、比較検討することをお勧めします。

地元に密着した葬儀社

その土地の風習や慣習に詳しく、地域のしきたりなどもよく心得ているのが、地元密着型の最大のメリットです。寺院や斎場との付き合いも長いでしょうから、遺族にとって不慣れな葬儀も段取りよくこなしてもらえるでしょう。

大規模な葬儀社

無宗教葬や家族葬など、新しい葬儀のスタイルを受け入れ、柔軟に対応してくれるのが大手の葬儀社でしょう。料金プランの明確なところも安心できます。また、ホームページや相談窓口を設けているところも多く、気軽に葬儀内容について質問ができます。

具体的な葬祭専門業者

葬祭業協同組合加盟の葬儀社

各都道府県にある葬祭業協同組合の連合会を、全日本葬祭業協同組合連合会(全葬連)といいます。この組合に加盟している葬儀社には、標準価格が設定されているほか、経済産業大臣の認可を受けているといった安心感もあります。

農業協同組合(JA)

農業協同組合(JA)においても、葬儀事業は扱われています。サービスの内容は各JAによって異なりますが、基本的には葬儀の一切を自ら請け負うところが大半です。しかし、場合によっては提携している葬儀社に業務を委託しているところもあります。

JAも基本的には組合員が対象ですが、組合員以外でも利用は可能です。地域のJAに問い合わせてみるのもよいでしょう。

互助会

「冠婚葬祭に関する費用を事前に積み立てておき、いざというとき合理的かつ経済的に運用できるように」と生まれた組織が「互助会」です。

葬儀の場合は毎月一定額を積み立てることによって、契約したサービスが受けられます。払い

葬儀社選びと生前予約

自分らしい葬儀をするための生前予約

生前予約は自分の死後、自分らしい葬儀を行ってもらうため、自分が元気なうちに葬儀の形式や内容、費用を予約するシステムです。自身が息を引き取った際には、契約通りの葬儀が営まれます。

このプランのメリットは、自分の葬儀内容や費用が適正か、自身で冷静に判断できる上、亡くなってからは家族も故人の遺志がかなわないことで後悔することがないということです。

葬儀社と契約を交わす際は各社を比較し、納得できるプランを選びましょう。

込み回数や金額に応じてコースが用意されているので、希望のコースを選択することになります。

仮に満期前に死亡した場合も、差額を納入すれば利用できますが、契約したサービスを受けずに途中解約すると、原則として解約手数料がかかります。

万一のときは加入済みの互助会に連絡することで、打ち合わせから通夜、葬儀・告別式まで、全て任せることができます。

生前予約の費用は生命保険などでも支払える

残された家族に、自分の葬儀費用などで負担をかけさせたくない。誰もがそう考えることでしょう。

生前予約においてその費用を支払う場合は、一括払いや積み立てといったケースが多いようです。またその他の支払い方法としては、生命保険や損害保険を利用することも可能です。仮に生命保険では、死亡保険金を支払いに充てるため、予約時に葬儀費用が十分でなくても、葬儀を行うことはできます。

生前契約のチェックポイント

●**解約はできるのか**
契約の解約が可能か否か確認する。また可能な場合、手数料や違約金についてもチェックしておく。

●**契約の内容変更は可能か**
葬儀内容を変更したいと思ったときに、内容の見直しが可能かどうか。またその際の手数料はどのくらいかかるのか。

●**費用の支払いに問題はないか**
葬儀費用の支払いに利用する生命保険や金融商品などの元本が保証されているか。また、金融機関の保全システムは万全か。

●**葬儀社自体の信頼性は**
契約会社の評判はどうか、信頼できるか。仮に破たんしたときの補償はどうなるのか。

いざというときのために！葬儀費用が即時払いされる金融商品

生前予約は自分でデザインする葬儀ですから、費用もできるだけ自分で用意しておきたいものです。

生命保険会社の中には、葬儀費用の支払いなどに対応した商品を設けているところもあります。

また、信託銀行においても「葬儀費用信託」などの商品があるようです。

第1章 終活のススメ

今どきの埋葬スタイル

埋葬のスタイルもさまざま

お墓

お墓にはいくつかの種類があり、その代表となるのが親から子へ、子から孫へと代々受け継がれていく「家墓」です。この家墓が最も一般的であり、累代墓、代々墓、先祖墓などとも呼ばれ、必ず子や親族が承継して守っていかなければなりません。

しかし、近年ではライフスタイルの変化によって、家や墓に対する考え方もこれまでの慣習にとらわれなくなりつつあるようです。家から個人・夫婦のための墓を建てる時代なのかもしれません。

個人墓・夫婦墓

その名の通り、本人または夫婦だけで入ることを限定した墓です。特に夫婦墓は子がいる・いないにかかわらず、承継しないことが前提となります。そのため、この二つの墓については永代供養の契約を条件にしている墓地が一般的です。

永代供養墓

家族ではない2人以上の遺骨を一緒に埋葬し、承継を考えない墓を永代供養墓や合葬墓といいます。個人墓や合葬墓、集合墓などがそれにあたります。

墓の埋葬方法も、個別の納骨堂に納めた後に合葬する方法や、初めから合葬するケースなど多様化しています。納骨のスペースも巨大なお堂からロッカー式のものまで、さまざまなスタイルがあるようです。

● 今どきの埋葬スタイル

樹木葬

樹木葬は、骨壺やご遺骨をシンボルツリー周辺に埋葬することです。また希望する樹木の下に納骨する場合もあります。墓地管理者によって埋葬方法はさまざまです。近年樹木葬が行える寺院や霊園も増えています。

散骨は遺骨の一部にとどめる

たとえ散骨を望んでいたとしても、家族や親族に理解してもらえない場合もあるようです。こうしたときは、通夜や葬儀は一般的な仏式などで行い、火葬後も遺骨の大部分は家墓に納骨します。そして遺骨の一部分だけを、故人の遺志に沿って散骨するという方法をとるとよいでしょう。

【購入したお墓の種類】

2023年
- その他 8.9%
- 一般墓 19.1%
- 納骨堂 20.2%
- 樹木墓 51.8%

2024年
- その他 9.5%
- 一般墓 21.8%
- 納骨堂 19.9%
- 樹木墓 48.7%

※その他:合祀(合葬)・散骨・手元供養など

出典:お墓の情報サイト「いいお墓」の「第14回お墓の消費者全国実態調査(2023年)」「第15回お墓の消費者全国実態調査(2024年)」より

お墓の承継とは?

仏壇や墓などを継いで守っていくことを「承継」といい、継ぐ人を「祭祀承継者」といいます。かつては長男が承継者となることが一般的でしたが、現代では遺言やさまざまな理由で長男以外が承継することもあります。跡継ぎがいない家では、親族が承継する場合もあります。

第1章 終活のススメ

お墓を準備する

お墓がない場合は新たな購入を検討する

そもそも墓がないという場合は、墓を新しく用意することから始めます。現在誰がその墓を管理しているのかや、購入するまでに次の要点を決めておけば先行きも安心です。

まず肝心なことは「どこに」「どのような」墓を建てるのか。そして予算は「いくら」で、その墓には「誰が入るのか」、またその墓を「引き継ぐのは誰」なのかを、最優先に考えておくとよいでしょう。

先祖代々の墓を引き継ぐ

自家に先祖からの墓があり、自分もその墓を引き継ぐことが決まっている場合は、現在誰がその墓を管理しているのかや、毎年の管理費などを調べておく必要があります。

さらに、自分の後に引き継ぐ人を誰にするのか決めておかなければなりません。

もしも自分に子がいない場合は、自分が墓の管理を引き継がないという選択肢も踏まえた形で、家族とよく話し合うことが大切です。

墓地の種類とその特徴

各地方自治体が運営する「公営墓地」、寺院が管理する「寺院墓地」、財団法人や企業などが管理する「民営墓地」と、墓地の種類には経営母体に合わせて3タイプあります。

それぞれの特徴や購入に際しての条件は下の表の通りです。

それぞれの墓地のメリット（○）＆デメリット（×）

公営墓地	○宗教や宗派を問わず利用が可能。 ○永代使用料や管理費が民営に比べ安い上、倒産の心配がほとんどない。 ×自治体の住民でなければ、墓地を購入することができない場合が多い。 ×募集時期が限られていることが多く、その競争率も高い。 ×納骨する遺骨がないと、購入の権利を与えてもらえない場合もある。
寺院墓地	○寺院が管理しているので、管理が行き届いている。 ○法要の際など、寺院が隣接しているため便利。 ×宗教や宗派が限定されていることが多い。 ×菩提寺との付き合い（寄付やお布施など）が必要となる場合もある。 ×自由な形のお墓がつくれない場合もある。
民営墓地	○宗教や宗派を問われることなく、誰でも利用できる。 ○墓地数も比較的多いことから、いつでも購入が可能。 ×公営と比べると、永代使用料や管理費が高め。 ×管理の質にバラツキがある。 ×永続性に保証がない（経営母体の破たんもありうる）。

● お墓を準備する

第1章 終活のススメ

家族との相談も重要

お墓を家族に黙って用意したばかりに、最後の契約で反対されて購入が白紙になったり、自分の死後に家族間や親戚とトラブルになるケースもまれにあるようです。まずは、承継を前提としたお墓にするのか、承継しないのかも含め、家族との話し合いは不可欠といえます。場合によっては、親戚にも相談することが必要でしょう。

また、「生前にお墓を建てると縁起がよい」や「生前墓は長寿を祈願する寿陵だから縁起がよい」といった話も聞かれます。そうした縁起の真相は定かではありません。ただ、お墓といった死後に関することを相談すると「まだそんなときじゃない」

と、あまり快く受け入れてもらえないこともあるようです。ですが、きちんと話をすることで、配偶者や子どものお墓に関する考えを聞くことができるはずです。

生前墓なら自分の好みを反映できる

お墓は死後に必要になるものなので、今から考えることは気が重いという方もいると思います。ですが、お墓を生前に用意することで、次のような安心感や利点を得ることができるのです。

① 自分の死後、お墓によ る家族間のトラブルを回避できる
② 自身のこだわりをお墓に反映することができる
③ 配偶者や子どもが非課

税でお墓を相続することができる

自分のエンディングに対するイメージがしっかり固まっていたり、家族への負担を減らしたいと思っているなら、生前墓を建てるメリットはあるといえるでしょう。

生前墓は時間的・事務的な手間が減る

普段から「自分の死後はすべて家族に任せる」「好きなように」と伝えていても、いざその時を迎えた家族は、困惑するかもしれません。家族間でのトラブルの原因にもなりかねないでしょう。自分の死後、そうした家族の心的負担や、墓地を探して奔走したり、お墓を建立するための手続きといった、時間的、事務的

な手間を減らしたいと思う場合も、生前墓は有効といえます。

お墓は気になり始めたときが準備のタイミングです。公営墓地、寺院墓地、民営墓地のメリット、デメリットを参考に家族と話し合い、納得のいくお墓を建てましょう。

23

第1章 終活のススメ

先祖の墓の改葬

先祖の遺骨の大切なが古い墓石から魂を抜く儀式「閉眼供養(御霊抜き)」を行います。その後、取り出した遺骨を骨壺に入れたまま改葬先へ運びます。新しいお墓では「開眼供養」を行い、遺骨を埋葬し改葬の儀式は終了となります。

また、改葬では法要について思いをめぐらすこともありますが、これまで使用した墓地をさら地に戻すことも、使用者としての責務です。古い墓地は石材店に依頼し、墓石を撤去してきれいに整えてから墓地管理者へ返還するのがマナーです。

先祖代々の墓を移す「改葬」

遠く離れた先祖代々の墓を、現在の住まいの近くへ移動する、または新しい墓に遺骨を移すことを「改葬」といいます。

改葬では、その墓地によって石材店などの指定業者が設けられている場合もあるようです。まずは墓地管理者に指定業者の有無を確認しておきましょう。

改葬するためには、まず新しい墓地を確保しなければなりません。墓地選びは場所や予算(墓地使用料・管理費)はもちろん、宗教や宗派、遺骨はすべて納まるのかなどの確認が重要です。

また、改葬にはさまざまな手続きが必要となります。改葬前に各市町村の窓口へ連絡し、必要書類の確認をしておくとよいでしょう。

寺院墓地では閉眼供養と開眼供養を行う

改葬の日程は、遺骨を移動する石材店と、法要を行う僧侶に相談して決まります。お墓のある場所が前提ではなく、各市町村が発行する「改葬許可証」があれば法律的には問題なく行うことができるのです。

また、改葬では法要についても分かれるようです。改葬をするに当たっては法要が前提ではなく、少なくとも、改葬をするに当たっては法要が前提でも、執り行う・行わないと分かれるようです。

法要は必ず…ではないことも

こうした閉眼供養や開眼供養といった法要は、お墓が寺院墓地にある場合は執り行うのが主流ですが、それ以外の墓地では行っていない場合もあります。お墓のある場所や祭祀承継者の信仰心、慣習を重んじるかどうか

改葬当日は、まず僧侶の窓口へ連絡し、必要書類の確認をしておくとよいでしょう。

24

●先祖の墓の改葬

第1章 終活のススメ

家族・親族ともよく話し合う

改葬において、新しい墓地の確保と同様に大切なことは、家族や親族とよく話し合うことです。「どこに？」「引っ越し先ではどんなお墓に？」「誰の遺骨を？」などを全員で共有しておかなければ、後にトラブルが起きる原因となりかねないからです。親戚も埋葬されているお墓であればなおのこと、勝手に改葬を進めてしまうわけにはいきません。親戚との関係も従来通りとはいかなくなる可能性もあります。家族はもちろん、親戚にも気持ちへの配慮は必要です。

トラブル回避のための
改葬するときの話し合いのポイント

☑ **全員で改葬の理由を共有すること**
「維持、管理が難しい」「承継者がいない」「現在の住まいの近くで手厚く供養したい」など、改葬する理由をはっきりさせておくこと。

☑ **改葬先の埋葬法について相談する**
引っ越し先では「お墓を建てるのか」それとも「家墓としてのお墓を持たないタイプにするのか」というところから考えること。また、承継についても話し合うこと。これにより、一般墓か永代供養墓かなど、お墓や埋葬のスタイルが変わってくる。

☑ **改葬先の場所を相談する**
現在の住まいの近くにするのか、思い出の場所にするのかといった土地問題。そして、引っ越し先は公営、寺院、民営にするのかといった施設について話し合う。土地問題は、お墓の維持、管理のしやすさから考え、施設については予算やお墓の形態から話し合うこと。

☑ **誰の遺骨を引っ越すのかを共有する**
現在のお墓に入っている遺骨（骨壺）のすべてを引っ越しさせるのか、一部にするのかをしっかりと決めておくこと。その量によっては、改葬先のお墓の規模や費用なども違ってくる。

墓石も改葬先へ移動させるなら

「先祖代々からの墓石をそのまま改葬先に運びたい」と考える人も多いようです。その際は、まず新しい墓地を選ぶに当たり、既存の墓石が収まるサイズでなければなりませんが、さらに、石材店に新墓地を実際に見てもらい外柵や石塔など、どの部分を新墓地に移すことが可能なのか判断してもらう必要があります。まずは石材店に相談しましょう。

寺院墓地からの改葬には注意が必要

さまざまな理由から、やむを得ず先祖からのお墓を改葬する際は、今までお世話になった菩提寺に丁寧に事情を説明し、承諾を得るようにしましょう。

第1章 終活のススメ

遺言について

遺言は自分の意思を伝える最終手段

自分の財産をどのように相続させたいのか、最終的な意思を伝える手段が遺言です。遺産相続に は「遺言による相続に優先する」という大原則があります。遺言が残されていて、それが法的に有効であれば、原則として相続は遺言通りに行われます。

また、遺言を書くに当たっての心境や、遺産分割についての考え方をしたり、「皆で仲良く助け合って」といった家族への思いを記したりすることは、遺言書に法的な効力を持たせるためには、文書＝遺言書にしなければなりません。遺言書の形式も、法律で決められた方式

遺産相続の方法としては、遺言による相続、相続人全員による分割協議の相続、民法によって決められた相続人の範囲や相続分にしたがって相続する法定相続があります。民法で決められた相続人の順位や相続分の規定は、あくまでも目安です。相続人それぞれの家庭の事情や人間関係などによっては、法定相続による分割が必ずしもふさわしいとはいえません。最近は、遺産の多寡にかかわらず、相続でトラブルになることも多いようです。

法律で決められた文書にして残す

遺言を作成しておけば、特別に世話になった内縁の配偶者や、子の配偶者など、本来は相続権を持たない人にも財産を譲ることができます。

また、遺言では、子の認知など血縁者の身分についても、本人の最終意思を明確にすることができます。

満15歳以上であれば、原則として誰でも遺言をすることができますが、遺言に法的な効力を持たせるためには、文書＝遺言書にしなければなりません。遺言書の形式も、法律で決められた方式

遺言を書いておいた方が好ましいケース

子がいない夫婦

配偶者に全財産を相続させたい場合、「全財産を相続させる」と遺言しておけば、被相続人の父母が遺留分を主張しても全財産の6分の5を相続させることができます。相続人が被相続人の兄弟姉妹の場合、遺留分はゼロなので全財産が配偶者に渡ります。

内縁関係の相手に財産を譲りたい

法律上の婚姻関係にない相手に相続権はありません。内縁の相手に財産を譲るには遺言が必要です。

にのっとって作成しなければ無効になってしまうので、注意が必要です。
なお、夫婦で1通の遺言を作成するなど、連名による遺言は禁止されています。

相続を円滑に進めるためにも遺言を残しましょう

●遺言について

第1章　終活のススメ

相続関係が複雑

再婚をしていて、現在の配偶者にも前の配偶者との間にも子がおり、子に法定相続分とは異なる相続をさせたい場合は、相続分や財産の分割方法を指定しておきます。

認知していない子がいる

生前に認知できなかった子（または胎児）を遺言によって認知しておけば、子は相続権を得ることができます。

相続人がいない

相続人がいないと財産は国庫に帰属します。特定の人や団体に遺贈したり、寄付したりするなど、財産の処分の仕方を遺言しておきます。

相続権のない人に譲りたい

特に世話になった子の関係のない男女間の子）非嫡出子（法的に婚姻

配偶者や知人などに財産を贈りたいとき、また相続人でない孫や兄弟姉妹にも譲りたい場合に、遺言で譲ることができます。

の認知や、未成年者の後見人の指定、後見監督人の指定など。

財産の処分に関すること

遺贈（下記参照）や寄付、信託など、財産の処分について。

家業の後継者を指定したい

家業を継続させたいというときは、家業を継がせたい人に、経営の基盤となる土地や店舗、工場、農地、同族会社の株券などを相続できるようにしておきます。

相続に関すること

相続分の指定とその委託、遺産分割方法の指定とその委託、遺産分割の禁止、相続人相互の担保責任の指定、特別受益者の持ち戻しの免除、相続人の廃除（下記参照）や廃除の取り消し、遺言執行者の指定とその委託、祭祀承継者の指定など。

なお、「死後、配偶者との婚姻関係を解消する」とか、養子との「養子縁組を解消する」などといった、婚姻や養子縁組に関する内容は認められません。

家族への思いを記す

遺言書には何を書いても構いませんが、法律上、効力を有する遺言事項は限られています。法的効力のある遺言事項は、大きく分けて次の三つです。

身分に関すること

相続人の廃除とは？

推定相続人（相続人となるはずの人）が遺言者（被相続人）を虐待したり重大な侮辱を与えたり、著しい非行があった場合、遺言者は推定相続人の相続権を奪うことができます。これが相続人の廃除です。

この措置は、遺言者の生前中に家庭裁判所に「推定相続人廃除」の申し立てを行い、調停または審判を受けて認めてもらいます。廃除の理由によっては認められないこともあります。また、いったん廃除したものを取り消すこともできます。これらは遺言によっても行うことができます。その場合、遺言者の死後、遺言執行者が家庭裁判所に申し立てをします。

遺贈とは？

遺言により財産を贈与することを「遺贈」といいます。遺贈は相続権のない人や法人に対してもできます。遺贈によって財産を受け取る人を「受遺者」といいます。

遺贈には、家や土地など、特定の財産を遺贈する「特定遺贈」と、遺産に対する割合で指定する「包括遺贈」があります。

相続人以外の人に包括遺贈をすると、受遺者は財産に対して相続人同様の義務と権利を持つことになります。相続人はプラスの財産だけでなく、債務などマイナスの財産も受け継ぐので、包括受遺者はマイナスの財産も指定された割合で受け継ぐことになります。

遺贈は、遺言者が生きている間は放棄することはできませんが、死亡後は放棄することができます。

第1章
終活の
ススメ

遺言書の作成例

自筆証書遺言について

自筆証書遺言は原則、遺言者が全文を自書、署名、押印して作成する遺言書です。以前は添付する財産目録も含めすべて自筆と定められていましたが、現在はその負担を軽減するため、添付する財産目録はパソコンでの作成や通帳のコピーでも有効となりました。ただしこの場合は、その目録の全ページに遺言者の署名と押印が必要です。遺言書の本文については、これまで通り自筆でなければいけません。

無効にならない遺言書の書き方について、記入例を用意したので参考にします。

【遺言書】
※本文はすべて自筆で書くように、具体的かつ分かりやすく書く必要があります。

※表題は「遺言」「遺言書」などと明確にし、続いて「遺言者・島根太郎は、下記の通り遺言する。」と書いてから、遺言事項を箇条書きにします。その際は番号をつけて、譲る相手・財産が具体的に分かるように記載します。

【財産目録】
※添付書類はパソコンや代筆で作成可能。自筆で署名押印する
※通帳などのコピーも自筆で署名押印する
してください。

遺言書の書き方

遺言書を作成する前に譲る相手に同姓同名の人がいたり、法定相続人以外に譲ったりする場合は、受け取る相手が特定できるように、生年月日や現住所、本籍地などを併せて書きます。

財産をリストアップしましょう。誰にどの財産を譲るのか、どう分けるのかを考えます。書き方は縦書きでも横書きでも構いませんが、必ず下書きをしてから書くようにします。

法務局で保管する（自筆証書遺言書保管制度）

自筆証書遺言は自宅で保管されることが多く、書が保管された法務局にて閲覧もできません。すると、2020年7月から法務局にて自筆証書遺言書の保管制度が開始されています。

保管できるのは封のされていない自筆証書遺言書に限られ、遺言者本人が法務局に遺言書を提出します。

法務局に遺言書の保管の申請をする場合、次の3つのいずれかを管轄する法務局であれば可能であり、遺言書原本の閲覧や、遺言書の保管の申請の撤回については、遺言書が保管された法務局にすることとなります。

①遺言者の住所地
②遺言者の本籍地
③遺言者が所有する不動産の所在地

保管された遺言書の内容については、遺言者が亡くなった後、相続人などの関係者が確認することができます。

なお、法務局に保管された遺言書については、裁判所の検認は不要です。

遺言書の内容は、遺言者の意思が正確に伝わるように、具体的かつ分かりやすく書く必要があります。

28

●遺言書の作成例

第1章 終活のススメ

自筆証書遺言の記入例

↑ 余白5ミリメートル以上

❶ 遺 言 書

遺言者・島根太郎は下記の通り遺言する。

❷ 1 妻・島根花子（昭和○年○月○日生）に別紙目録1の財産を
　相続させる。

← 余白20ミリメートル以上

　2 長男・島根一郎（昭和○年○月○日生）に別紙目録2の財産
　を相続させる。

　3 次男・島根次郎（昭和○年○月○日生）に別紙目録3の財産
　を相続させる。

　4 上記記載以外の一切の財産は、長男・島根一郎に相続させる。

→ 余白5ミリメートル以上

❸ 5 本遺言の遺言執行者として、長男・島根一郎を指定する。

❹ 付言事項
　遺言者は、島根家の跡継ぎである長男・島根一郎には、同居している妻・島根花子とともに島根家を守ってもらいたいという思いから、次男よりも多く相続させることにした。

❺ 令和○年○月○日

島根県松江市○○町○○○番地
❻ 遺言者・島根太郎 ㊞

1/4

↕ 余白10ミリメートル以上

【法務局で保管してもらう場合の様式のルール】

法務局に遺言書を保管する場合、下記の自分で保管する書き方に加えて、次の通り規定がある。

■用紙サイズ
白色無地のA4判。

■余白の確保
右の記入例のように余白は上側5mm以上、下側10mm以上、右側5mm以上、左側20mm以上、を記載する。

■片面のみに記載
裏面にはなにも記載しないようにする。契印は不要。

■ページ番号を記載
遺言書本文、財産目録には各ページに通し番号でページ数—32—4240）へ。

※詳しくは、法務局のホームページを参考にするか、松江地方法務局供託課（0852

■遺言者の署名
遺言者の氏名は、住民票などの記載通りに記載する（ペンネームの記載は不可）。

書き方のポイント（自分で保管する場合）

自筆で書く

遺言者が本文（内容）、日付、氏名などの全文を自筆で書く。パソコンで作成したり、代筆してもらったものは無効となる。筆記用具は、ボールペン、筆、サインペンなどを用いること。

❶ 表題をつける

「遺言書」「遺言状」といった表題を書くこと。

❷ 本文

リストアップした財産を整理してから書くこと。法定相続人の氏名に生年月日を併記するとよい。目録を添付しない場合は、財産の詳細を含めて自筆で書く。添付する場合は、目録のどの項目を誰に相続させるのかを明確に記す。

❸ 遺言執行者の指定

遺言者の意思通りに相続が実現されるかどうか不安な場合は契印をする。

❹ 付言事項

法律上の効力はないが、遺言書の中で遺言者の思いを法定相続人に伝えることができる。「どうしてこのような遺言をしたのか」といった説明や「皆で助け合って仲良く」などの希望を書くほか、感謝の気持ちを記してもよい。

❺ 作成した日付

作成年月日がない遺言書は無効となる。西暦・元号はどちらでも構わない。

❻ 署名押印

署名押印は必須。押印は実印・認め印のどちらでも構わない。用紙が複数枚に及ぶ場合は契印をする。

思う場合や、第三者に遺贈を行う場合などは、遺言執行者を指定しておくこともできる。

29

第1章
終活の
ススメ

遺言の撤回と変更

財産の処分は自由

遺言は、遺産の相続に当たって遺言者の最終意思を尊重する制度ですので、遺言者の意思であれば、いつでも撤回や変更は可能です。

また、遺言は遺言者が生存中にはいかなる義務も権利も発生しません。遺言者は自由に財産を処分できます。

例えば、遺言書に「自分の宅地、家屋を長男に相続させる」と書いたとしても、その後に遺言者は宅地や家屋を売却することができ、その事実によって遺言は撤回されたことになります。

遺言のすべてを撤回する

遺言のすべてを撤回したい場合は、自筆証書遺言や秘密証書遺言であれば破棄します。公正証書遺言であれば、公証役場まで出向き、破棄の手続きをします。

また、新たに撤回したい場合は、新たに撤回や変更箇所を記した遺言を作成します。公正証書遺言であれば、新たに撤回や変更箇所を記した遺言を作成します。

遺言書が2通以上ある場合、日付の最も新しいものが有効とされます。

書き直した方がよいでしょう。

秘密証書遺言であれば、新たに撤回や変更箇所を記した遺言を作成します。

もし新しい遺言に、前の遺言に抵触する内容が書かれていたなら、その部分だけが更新され、前の遺言の残りはそのまま有効となります。

一部を撤回・変更する

遺言の一部を変更したり撤回したりする場合は、自筆証書遺言であれば、法律で決められた加除訂正の方法に従って、遺言書の原文に手直しすることができます。ただし、加除訂正が多いときは、

自筆証書遺言を撤回する場合

> 遺 言 書
>
> 遺言者島根太郎は、本日以前に作成した遺言のすべてを撤回する。
>
> 令和○年○月○日
>
> 　遺言者　島根太郎 ㊞

この一文によって、以前に作成したすべての遺言を取り消すことができます。日付・署名・押印は必須です。遺言の一部を取り消す場合は、「令和○年○月○日に作成の自筆証書遺言中、第二項を取り消す」のように記載します。

30

●遺言の撤回と変更

第1章 終活のススメ

身の回りは常に片付けておく

いつ何が起こってもいいように、自分の身の回りのものを片付けながら暮らすというのは大事なことです。残された家族が遺品の整理に困らないよう、整理整頓を心がけましょう。

家族関係の変化

最近では家庭内でもプライバシーを尊重するようになっていますが、携帯電話や手紙など、人目に触れるのを望まないものはひとまとめにして、本書巻末にあるような「エンディングノート」に記載するなどして、処置を明確にしておきましょう。また、近年1人暮らしの高齢者の方が増えています。このようなケースでは家族と遺品整理の話をする機会も少ないでしょうから、"もしものときのための片付け"が、より重要です。

遺品整理業者を活用する

もちろん遺族が遺品を整理する場合も多いのですが、例えば故人が1人暮らしだったため持ち物が多く、どこから手をつけていいか分からないというような場合は、専門の遺品整理業者へ依頼する方法もあります。また、生前から業者に相談しながら不要なものを減らしておくという進め方も増えており、こちらの方が費用がかからずに済むようです。

デジタル終活・遺品処理の主な流れ

本人が作業（生前）
- デジタル機器の管理情報をエンディングノートなどに記す
- 利用していない不要な契約を整理
- 具体的な引き継ぎ方法の共有

パソコンやスマートフォンを起動するためのID・パスワードが家族に伝わるよう、エンディングノートなどに記すこと。また、機器やデータに関する処理などについても、エンディングノートを活用して共有できるようにしておきましょう（173p参照）。

【死去】

遺族が作業（死後）
- 故人が所有していたデジタル機器の確認
- 葬儀に必要なデジタル遺品（連絡先等）の確認
- 相続手続きに必要なデジタル遺品の把握
- 通信契約等の各種契約の解約
- 故人所有のデジタル機器の整理・処分

死後はすぐに葬儀が行われるため、まずはエンディングノート等を頼りに、故人のデジタル機器内へのアクセスを試みましょう。
葬儀後は、相続手続きに関するデジタル遺品の有無を明らかにします。通信契約や定額課金サービスの解約は、必ずデジタル遺品を把握してから行うこと。すぐに解約すると、各種契約に関する情報が得られなくなるので注意が必要です。

第1章
終活の
ススメ

生前贈与を活用する

財産を減らすと相続税を減らせる

うまく生前贈与を活用することで、相続税の負担を軽減できることから、近年生前贈与に対する関心が高まってきました。

相続税は相続した財産が少ないほど少額になります。生前贈与の特徴は、自らの意思で「誰に」「いつ」「何を」「どんな条件で」「どうやって贈与するのか」を決められることです。つまり、元気なうちから子や孫に資産を贈ることで財産を減らし、亡くなったあとに発生する相続税を減らせるところにあります。贈与の主な方法は次の通りです。

① 年間110万円の非課税枠を活用

贈与によりもらった金銭の合計が110万円（贈与税の基礎控除額）以下の場合、贈与税はかかりません。この基礎控除額をめどに贈与を繰り返すことで、ある程度の相続財産を減らすことができます。

② マイホームを配偶者へ贈与する

婚姻期間が20年以上の夫婦でマイホームなどの不動産またはその購入資金を配偶者に贈与しても、2000万円までは非課税となる金額は、新築等をする住宅用の家屋の種類、住宅用の家屋の新築等に係る契約の締結日、消費税により異なり

ずに贈与できることになります。

ただし、相続税を計算するときの特例が使える自宅敷地の場合は、贈与めには、対象となる住宅に関して細かな条件があります。まずは専門家に相談してみましょう。

③ 子や孫へ住宅購入資金を贈与する

住宅取得資金の贈与の特例を活用すれば、一定額まで非課税で、子や孫へマイホーム購入資金を贈与することができます。以外の塾・予備校などへの支払いは500万円）まで非課税とされる制度が教育資金一括贈与の非課税特例です。

④ 子や孫へ教育資金を贈与する

子や孫の教育資金として贈与した場合、一人につき1500万円（学校

ます。基礎控除額110万円と併用することもできます。

この制度を適用するまたは教育訓練を受けている場合は40歳）になっても贈与されたお金が残っていると、使い切れなかった金額（前述同様）が変わることにも注意が必要です。

⑤ 相続時精算課税制度を活用する

累計2500万円までの贈与財産には贈与税はかかりませんが、贈与者が亡くなり相続が発生すると、その贈与財産を含めて相続税を計算する仕組みが、相続時精算課税制度です。節税効果は少ないものの、一度にまとまった財産を贈与した

贈与できますが、贈与を受けた子や孫が30歳（学校等に在学している場合は相続税を計算する住宅めにに関して細かな条件がありります。贈与年によっても贈与されたお金が残っていると、使い切れなかった金額（前述同様）が変わることにも注意が必要です。

第1章 終活のススメ
●生前贈与を活用する

場合は有効な制度といえます。

ただし、一度この制度を利用すると、暦年贈与を算定する際に法定相続分から除外されるようになりました。

これにより、夫は妻により多くの財産を相続させることが可能となり、自分の死後も妻の生活を安定させることができるようになりました。特に、配偶者への生前贈与に関しては税制上さまざまなメリットがあるため、税理士や公認会計士などに相談しながら対策を考えてみることをお勧めします。

配偶者への自宅の生前贈与は遺産分割の対象外

法定相続分を計算する際、親などから受けた遺贈や生前贈与などは、相続財産に加えてから法定相続分の取得額を算定するのが原則になっています。

しかし2019年7月より、婚姻期間が20年を超える夫婦間による居住用不動産（自宅）の遺贈や生前贈与は、遺産の先渡しとみなさず法定相続分を計算する際に相続財産から除外されるようになりました（年間110万円までが非課税になる制度）を選択できないほか、相続税を計算するときの特例を適用できなくなります。利用時には専門家の意見を聞き、十分な検討が必要でしょう。

夫婦間贈与の具体例

例 被相続人（夫）が居住用不動産（評価額2,000万円）を配偶者（妻）に贈与した後、他界。
被相続人（夫）の遺産は預貯金2,000万円で、相続人は配偶者（妻）と2人の子どもを仮定。

●これまでは
相続財産：自宅（評価額2,000万円）、預貯金（2,000万円）
配偶者（妻）：自宅（評価額2,000万円）「住む場所はあっても生活費は不安」
長女：預貯金（1,000万円）
長男：預貯金（1,000万円）

●これからは
相続財産：預貯金（2,000万円）
自宅（評価額2,000万円）は遺産分割外に
配偶者（妻）：自宅（評価額2,000万円）、預貯金（1,000万円）「住む場所も生活費もあって安心」
長女：預貯金（500万円）
長男：預貯金（500万円）

贈与契約書の作成例

　契約書の作成は手書きでもパソコンでも問題ありません。書式も自由です。ただし、信頼性を高めるためにも、署名と日付は自筆（手書き）で記入することをお勧めします。また、金銭を贈与する場合、印紙は不要です。

贈 与 契 約 書

贈与者　島根太郎　を甲とし　受贈者　島根○○　を乙として、
甲乙間において次の通り贈与契約を締結した。

第1条　甲は、乙に対して、現金100万円を贈与し、
　　　　乙はこれを受諾した。
第2条　甲は、乙に対し、令和○年○月○日までに
　　　　前条の100万円を支払う。

　　上記契約の証しとして本契約書を2通作成し、甲乙各1通を保管する。

令和○○年○月○日

　　　贈与者（甲）　　住所　島根県松江市○○町○○○○○○○
　　　　　　　　　　　　　　氏名　島根　太郎　印

　　　受贈者（乙）　　住所　島根県松江市○○町○○○○○○○
　　　　　　　　　　　　　　氏名　島根　○○　印

　　　受贈者（乙）親権者　住所　島根県松江市○○町○○○○○
　　　　　　　　　　　　　　氏名　島根　○○　印
　　　受贈者（乙）親権者　住所　島根県松江市○○町○○○○○
　　　　　　　　　　　　　　氏名　島根　○○　印

受贈者が
未成年者の場合は、
親権者の署名も入れる

第2章 葬儀の備え
～家族をきちんと見送るために～

- ●危篤から法要までの主な流れ（仏式）
- ●危篤と臨終を告知されたら
- ●葬儀の方針と葬儀社について
- ●喪主・世話役を決定する
- ●葬儀のあり方　一般葬（遺体の安置と枕飾り）
- ●葬儀のあり方　一般葬（通夜を執り行う）
- ●葬儀のあり方　一般葬（葬儀と告別式を執り行う）
- ●葬儀のあり方　家族葬
- ●葬儀のあり方　直葬（火葬式）
- ●葬儀のあり方　無宗教葬
- ●気になる葬儀の費用
- ●戒名について
- ●遺骨迎えと初七日法要
- ●一般的な神式の葬儀の執り行い方
- ●出雲大社教の葬儀の執り行い方
- ●出雲教の葬儀の執り行い方
- ●キリスト教式の葬儀の執り行い方
- ●葬儀の備え なんでもQ&A

危篤から法要までの主な流れ（仏式）

一般的な仏式を例に、喪主・遺族、会葬者それぞれにおける危篤から法要までの主な流れを紹介します。

喪主・遺族

- 危篤
  - ●近親者への連絡
- 臨終
  - ●末期の水
  - ●死亡連絡
  - ●死亡診断書を受け取る
- 遺体の安置
  - ●枕飾り
  - ●枕経
  - ●枕経の後、寺院と日程打ち合わせ
  - ●遺体の安置
- 通夜の準備
  - ●葬儀社の決定
  - ●菩提寺への連絡
  - ●葬儀の形式・規模・日程の決定
  - ●喪主・世話役の決定
- 通知
  - ●葬儀日程の通知
  - ●死亡届の提出
- 納棺
  - ●湯灌と遺体の処理
  - ●死に化粧、死に装束
  - ●納棺
- 通夜
  - ●通夜
  - ●通夜振る舞い

会葬者

- 危篤
  - ●知らせを受けたら、すぐに駆けつける
  - ※出雲地方の一部では「おどろき悔やみ」と呼ぶ（132ページを参照ください）
- 臨終
  - ●控えめに振る舞い、長居せず一度引き揚げる
- 通知
  - ●香典等の準備
  - ●弔電を打つ（弔問できない場合）
  - ●供物・供花の手配（贈る場合）
- 通夜
  - ●通夜
  - ●通夜振る舞い

第2章
葬儀の備え

危篤と臨終を告知されたら

危篤の連絡は電話が基本

電話こそ、もっとも早く確実な連絡手段です。あいさつは最小限にとどめ、次の4点をはっきりと伝えましょう。

① 「いつ」
② 「誰が」
③ 「どこで(病院名・部屋番号・電話番号)」
④ 「どのような原因で危篤状態になったのか」

いざとなると混乱してうまく伝えられないこと

も多いため、要点はメモしておくこと。本人不在の場合は伝言や留守番電話にメッセージを残しましょう。どうしても連絡が取れない場合は、まずはメールで伝えておきましょう。

危篤を知らせる範囲

```
              祖父母
伯父伯母
叔父叔母     父母
                          配偶者の
              本人    配偶者    父母
                          配偶者の
  兄弟姉妹     子         兄弟姉妹
    甥・姪     孫
              ひ孫
```

だいたい
3親等ぐらいまで

自宅での死亡は速やかに主治医に連絡を

日本の法律上「死」は医師によって確認してもらう必要があります。自宅で臨終を迎えたときは、ただちに主治医を呼ぶこと。かかりつけの医師がいない場合、また、医師がつかまらないときは、110

番通報して警察医を呼んでもらうという方法もあります。いずれにしても、とにかく遺体を動かしてはいけません。勝手に遺体を動かしてはいけません。

病院で亡くなったときは、速やかに自宅か斎場へ搬送を

病院で臨終を告げられたら、その場に居合わせた者が「末期の水」をとります。その後、遺体は霊安室で安置され、そこから自宅や通夜・葬儀が行われる斎場に搬送することになります。遺体の搬送は葬儀社や搬送業者に依頼すれば、ほぼすべてのことをスムーズに行ってもらえます。

病院では退院の手続きと死亡診断書を受け取ること

まず遺体の搬送を手配するとともに、退院の手続きと死亡診断書を受け取ること

救急車を呼ぶか、

38

●危篤と臨終を告知されたら

第2章　葬儀の備え

近親者への連絡は2種類に分ける

臨終の宣告を受けたら、危篤のときと同様に関係者へ連絡をします。この場合は、

① すぐに来てもらいたい親族への連絡
② 亡くなったことを知らせる連絡

の2種類に分けられます。

続きを行います。深夜などで事務手続きが不可能な場合は、後日出向いても構いません。

退院手続きの際、忘れてはいけないのが「死亡診断書」の受け取りです。この診断書がないと、火葬も埋葬もできません。

さらに、生命保険金の受け取りなどにも必要ですから、原本以外に何通かコピーを取っておきましょう。

① の場合は、死亡確認後すぐに連絡をします。連絡先は危篤連絡をした人です。危篤の連絡を受けてからその後の連絡を待っている人もいますから、早朝・深夜でも遠慮せず電話をしましょう。

また、②の連絡では「通夜や葬儀の日程・場所」が決まっていれば、それも伝えておきましょう。

友人・知人・勤務先などへの連絡は葬儀の日時・場所が決まってから

伝える内容は「故人の氏名」「死亡日・時刻」「通夜・葬儀の日時・場所」「喪主」などです。通夜に間に合えばいいので、深夜や早朝の連絡は避けるべきでしょう。

お寺・神社・教会へも連絡する

仏式の場合

菩提寺（ぼだいじ）がある場合はすぐに連絡をし、葬儀の日程や場所・僧侶の人数・戒名などについて打ち合わせをします。

菩提寺がない場合は葬儀会社に相談し、同じ宗派の寺院を紹介してもらうこともできます。

神式・キリスト教式の場合

神式は故人が氏子となっている氏神の神職に連絡をします。また、本人がキリスト教徒で、臨終の際に牧師や神父が立ち会っていない場合は、速やかに所属教会に連絡をしましょう。

危篤・死亡の連絡文例

一刻を争う状況です。早朝や深夜、たとえ勤務中であっても失礼には当たりません。

●深夜・早朝の場合
「深夜（早朝）に恐れ入ります。○○の長男の□□でございます。本日○時に父が亡くなりましたので、お知らせいたします」

●葬儀日程が決まっている場合
「○○の弟の□□でございます。兄が本日○時に死去いたしました。通夜は○月○日○時から、葬儀・告別式は○月○日○時から、ともに○○葬祭場（自宅）で仏式にて行いますので、お知らせいたします」

凍結された預貯金の払い戻しが可能に

金融機関は預金者が亡くなったことを知ると、その時点で口座を凍結します。しかしそれでは、まとまった入院費用や葬儀費用の支払い、生活費など、すぐに必要なお金を故人の預貯金から払い戻しできないという問題がありました。

そうした事情を考慮し、2019年7月から開始された「預貯金の仮払い制度」は、凍結中の口座でも、相続人は故人の預貯金の一定額（金融機関ごとに上限150万円）を、家庭裁判所の判断を経ずに引き出すことが可能になりました。ただし相続財産に負債があり、相続放棄を検討する場合は、仮払いを慎重にしたほうが良いでしょう。

第2章
葬儀の
備え

葬儀の方針と葬儀社について

まずは葬儀方式を決定する

葬儀の形式は大きく分けて「宗教葬」と「無宗教葬」の二つがあります。

日本の葬儀ではその大半が仏式ですが、宗派によって葬儀のしきたりも異なります。

葬儀の形式については、葬儀社に依頼する前にまず遺族側で大まかに決める必要があります。ポイントは次の四つです。

1 葬儀の形式

どの形式で行うかは、故人が生前に信仰していた宗教・宗派に従うのが一般的。

2 葬儀の規模

お付き合いのあった方をリストアップし、参加者の人数の予想を立てる。

3 予算

通夜から葬儀まで全体の予算の目安を決める。

4 通夜・葬儀の場所

自宅、寺院、斎場、ホテルなど会場を決定。

葬儀の形式・規模は故人の遺志を尊重する

葬儀の形式

故人の宗教が家の宗教と違う場合、生前、故人が自分の宗教による形式が仏式ですが、宗派によって葬儀のしきたりも配慮して決めることも大切です。

葬儀の形式については故人の遺志とともに、葬儀後の納骨・法要・墓参りなど、後々のことまで考慮して決めることが重要です。

大切な葬儀は葬儀社によって左右されますし、故人の生前の思いに応えるためにも、信頼できる葬儀社を慎重に選ぶことが重要です。

明確な料金体系希望に応えられる葬儀社を選ぶ

葬儀の形式についてはまず菩提寺に相談しましょう。

故人が仏式以外の形式での葬儀を望んでいた場合は、まず菩提寺に納骨を断られる場合があります（無宗教葬も同様で、注意が必要）。故人が仏式以外の

場合、仏式で葬儀を行っていないと納骨を断られる場合があります。

しかし菩提寺に先祖代々の墓があり、そこへ故人の遺骨を納骨する場合、葬家の意向、故人の遺志、交際範囲、経済的条件などを考慮して決定しましょう。

葬儀の規模

葬儀の規模を決める際には、故人の社会的地位、高額な祭壇や不必要なサービスを押し付けてくる業者は要注意。

での葬儀を希望していたときは、故人の遺志を尊重します。

1 要望を聞いてくれる

依頼者の話を聞かずに、高額な祭壇や不必要なサービスを押し付けてくる業者は要注意。

2 各料金が明確で詳細な説明がある

祭壇や棺（ひつぎ）など各品目について料金提示をしながら詳しく内容説明をしてくれる。

3 業者の規模や資格など

会社の大小は問題でないが、全日本葬祭業協同組合連合会（全葬連）、一般社団法人全日本冠婚葬祭互助協会などへの加盟や、葬祭ディレクターの有資格者がいるかどうかも、優良業者としての目安となる。

40

第2章 葬儀の備え
● 葬儀の方針と葬儀社について

葬儀専門業者の種類

通夜・葬儀・告別式の準備から進行、宗教によって異なる作法やしきたりなど、葬儀全般について取り仕切ってくれるのが葬儀業者です。主な葬儀業者としては、葬儀社、互助会、農業協同組合（JA）が挙げられます。

葬儀社

葬儀専門の式場を完備している業者が葬儀社です。地域に密着した業者が多いことから、その土地の風習やしきたりにも詳しく、細かなフォローをしてもらえることが特徴です。

互助会

一般社団法人全日本冠婚葬祭互助協会に加入している業者を指します。会員制で、葬祭に関わる費用を事前から積み立てておくのが互助会の特徴です。会員以外も利用できます。

農協

農業協同組合（JA）で、組合員を対象とした葬儀事業が扱われています（※JAは組合員以外の地域住民も利用可能）。いずれも明朗な料金システムが特徴です。

DATAで見るお葬式

アフターコロナで葬儀は「一般葬」がやや戻る

2020年に国内で新型コロナウイルスが蔓延し、葬儀のあり方は様変わりしました。

喪主または喪主に準ずる立場の経験者に実施した全国調査によると、多くの方が参列する「一般葬」は2020年に48.9％だったのが、コロナ禍が蔓延した2022年には25.9％に縮小し、逆に小規模な葬儀の「家族葬」が2020年の40.9％から55.7％と一気に台頭しました。しかし、2023年5月にコロナが第5類感染症に移行すると、2024年には「家族葬」は5.7％減り、「一般葬」は4.2％増えて、やや戻ってきています。

コロナ禍の感染予防のため、葬儀前に一般会葬者に焼香とお別れで参列していただく「式前焼香」が選択され、その後も一般葬と併用されています。

大切な家族の人生を締めくくりともいえるお葬式。故人と遺族の理想に近い形で葬儀を行うためにも、まずは希望する葬儀を葬儀社に伝えるようにしましょう。

出典：葬儀相談・依頼サイト「いい葬儀」の「第6回お葬式に関する全国調査（2024年）」より

【行った葬儀の種類】

【行った葬儀の種類の推移】

※回答結果（％）は小数点第2位を四捨五入し、小数点第1位までを表示しているため、合計数値が100％にならない場合があります。

自宅で通夜① 「まず内回りから」

各部屋を決める

長年暮らしてきた自宅から故人を見送りたいと考える人も多く、通夜は自宅で行う場合があります。

まず、自宅で通夜を行う際の手はずは、遺体を安置する部屋と祭壇を置く部屋を決めることから始まります。遺体はできるだけ奥まった部屋、祭壇は広い部屋が最適です。そして、僧侶の控室は必ず用意しましょう。部屋数が足りないという場合は、隣近所にも相談して借りるという方法もあります。

部屋はできるだけ広く使えるように

特に祭壇を設置する部屋は、ふすまや障子を取り外し、できるだけ広く使用できるようにします。次に、移動が可能な家具は、使用しない部屋へ移させますか、隣近所にお願いして一時的に預かってもらいましょう。移動ができない家具は、布で覆い隠し、絵画や装飾は取り外すか、半紙で目隠しをします。

「神棚封じ」は忘れずに

死亡の知らせ、または遺体が自宅へと搬送されてくる前に神棚の扉を閉め、正面に白い半紙を張って神棚を封じ、故人の弔いに専心します。これは四十九日までそのままにしておくのが習わしです。

神棚封じ

自宅で通夜② 「外回りを準備する」

家の周囲、玄関、庭を整理

傘立てや自転車、植木・観葉植物など、玄関の周りで人の邪魔になりそうなものはすべて移動させましょう。次に玄関か門口に「忌」の期間であることを示す「忌中札」を立てること。最後に自宅の周囲、道路から玄関までを丁寧に掃き清めてください。玄関先が暗い場合は、照明器具も用意する必要があります。

受付は玄関前か門前に設置

受付は、出雲地方では「張場」とも呼びます。

机に白い布をかけ受付の札を張り、「芳名帳」「香典帳」「供物帳」「筆記用具」など、必要なものを準備します。特に寒い時季や雨天の場合には、傘やコートを預かったりする必要がありますから、間違いのないように番号札の手配もしておきましょう。

仮に、玄関先や門の前に受付の場所が設けられず、やむを得ず道路に設営する際は、事前に最寄りの警察署に、公道使用許可の申請を届け出る必要があります。

近年では、核家族化や住宅環境の変化により通夜を葬祭会館で行うケースが増えています。

喪主・世話役を決定する

第2章 葬儀の備え

●喪主・世話役を決定する

喪主は通夜の前までに決める

喪主は通夜の前までには決めておかなければなりません。また、喪主は葬儀だけでなく僧侶や葬儀社との打ち合わせや、年忌法要の施主を務めることにもなります。

特に決まりはありませんが、葬儀の主催者であり、遺族の代表である喪主は、故人と最も縁の深い人が当たります。一般的には故人の配偶者、子（長男、長女）、配偶者も子もいなければ親、兄弟姉妹がその役目を務めます。ただし、故人が喪主を指定していた場合は、この限りではありません。なお、喪主は遅くとも通夜の前までには決めておくべきです。通常は故人の友人、故人の子の友人、また故人の兄弟姉妹や、配偶者の兄弟姉妹といった血縁者・親戚などから選びます。中でも、

葬儀を取り仕切る世話役を依頼

喪主を補佐し、葬儀全般の実務を遺族に代わり取り仕切る世話役にはいくつかの係があり、その中心となるのが「世話役代表」です。

世話役代表は葬儀の実務上の責任者となります。葬儀社との打ち合わせや世話役係の指揮を執るため、故人や遺族の事情に詳しい、信頼のおける人

世話役を会社に依頼する

葬儀の知識や経験が豊富な人がなるべきでしょう。葬儀の知識や経験が豊富者が多く予想される場合においては、「受付」や「接待」など一部の係を勤務先にお願いする選択もあります。故人が会社員などで、勤め先から手伝いの打診があり、職場関係の会葬

葬儀の世話役・係の役割

世話役代表（葬儀委員長）
喪主・葬儀社と葬儀全般について打ち合わせをし、各係に指示を出す。

受付係・携帯品係
受付での弔問客への対応。香典を預かり、会葬礼状・返礼品を渡す。弔問客の携帯品を預かる。

●最低限必要な係

台所・接待係
弔問客・会葬者へ茶菓・通夜振る舞いの用意をする。僧侶へのもてなしと接待。

進行（司会）係
葬儀の進行について世話役代表、葬儀社などと打ち合わせをする。弔電の整理、葬儀・告別式の司会など。葬儀社に依頼することが多い。

会計係
遺族代表から預かった現金の出納管理。会計簿にすべての出入金を記帳する。

現場に応じて設ける係
規模が大きい葬儀の場合など。
●僧侶係　●接待係
●遺族係

●文書係　●会場係
●記録係

●会計係

●返礼品係　●自動車係
●携帯品係　●記帳受付係

第2章 葬儀の備え

葬儀のあり方 一般葬（遺体の安置と枕飾り）

納棺までの遺体の安置方法

臨終後、病院から搬送した遺体は、安置する際にいくつか心掛ける注意点があります。

一つ目は安置するときの布団です。生前に使用していた布団や自宅にある布団を使用します。掛け布団は、毛布は使用せずに、薄い掛け布団を使用し、掛け布団に上下がある場合は上下逆に掛けます。二つ目は、安置する部屋の室温です。夏場は冷房を使用し、冬場は暖房を抑えて、遺体が温まらないように注意しましょう。そして頭を北の方角にして寝かせます。

顔に白い布を掛け、両手首に数珠を掛けて胸で合掌させ、さらに掛け布団の上には紋服を上下逆さまにかけます。

また、浄土真宗では行われませんが、宗派によっては紋服の上に魔よけの意味がある守り刀を置く風習もあります。

そもそも北枕の起源とは

遺体を北枕にして寝かせるのは、お釈迦様が亡くなったときに頭を北に、顔を西に向けていたことから、現在でも仏式の葬儀では大切なしきたりとして守られてきました。

しかし、昨今の住宅事情などで頭を北枕にできない場合は、お釈迦様の顔の向き、つまり西枕にするか、または仏壇に頭を向ける方向にするようです。

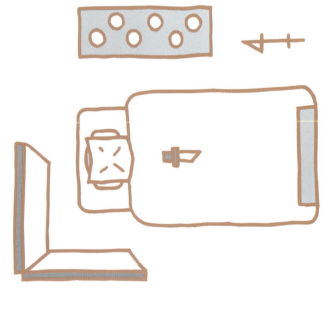

掛け布団や紋服を上下逆さまに掛けたり、足袋を左右逆に履かせたりします

なぜ掛け布団を逆さまにするのか

浄土真宗ではありませんが、風習によって通夜や葬儀で、掛け布団や紋服を上下逆さまに掛ける、足袋を左右逆に履かせるなど、日常とは逆にするしきたりが目立ちます。その理由は、「死を日常のことではない」とする意味が込められているからなのだそうです。また、最近では少なく

● 葬儀のあり方 一般葬（遺体の安置と枕飾り）

第2章 葬儀の備え

なりましたが、以前は枕元に屏風を逆さまに立てる風習もあったようです。これを「不断香」と呼んでいます。

枕元に枕飾りを置き線香は絶やさない

遺体の枕元に置く飾りを「枕飾り」といい、仏式では白木の台や小さな机に白い布を掛け「三具足（香炉・燭台・花立て）」を置きます。そのほかに、仏壇のリン、湯飲み茶碗かコップに入れた水、枕飯、枕だんごなどを飾ります。ただし、浄土真宗では水、枕飯、枕だんごは飾らないのが一般的です。

花立てにはシキミや菊などを一本差し、香炉には線香、燭台にはろうそくを立てます。その際、線香とろうそくは決して絶やしてはいけないとさ

枕飾りをしたら僧侶に枕経を上げてもらう

枕飾りが整ったら、僧侶を迎えて枕経（読経）を上げてもらいます。その間、遺族は僧侶の後ろに控えます。服装は喪服を着る必要はありませんが、地味な服装に着替え、結婚指輪以外の装飾品は外すように心掛けましょう。

死に装束について

宗派によっても異なりますが、仏式では遺体を安置する前に死に装束を着せるしきたりがあります。白い木綿でできた経帷子を左前に合わせ、手足には手甲、脚絆を着けます。そして白足袋とわらじを左右逆に履かせ、三途の川の渡し賃（六文銭）の入ったずだ袋を首から掛けます。これを着せるに当たっては、遺族の手で行うことが大切とされています。しかし、昨今ではこの風習も簡略化されることが多くなっているようです。

第2章 葬儀の備え

葬儀のあり方 一般葬（通夜を執り行う）

通夜の進行

最近は僧侶が車で来ることもありますが、車の手配を頼まれたら、通夜が始まる20〜30分前に、僧侶が到着するよう世話役に手配してもらいます。

その際、身内の人に僧侶の送迎をお願いしましょう。僧侶が到着したら控室で茶菓でもてなし、世話役代表が通夜の打ち合わせをします。

喪主と遺族、弔問客が席に着いた後に僧侶が入場し、読経、焼香、喪主あいさつ、通夜振る舞いと進めます。

出雲地方では通夜は親族のみで行うことが多いです。

通夜の席次と焼香の順序

通夜の席順は、喪主が一番に焼香する位置につきます。それ以外には、明確な決まりはないようです。ただ、僧侶が到着するよう世話役に手配してもらいます。席順に焼香することになるので、席を決めるときは配慮が必要となります。

通夜振る舞いのもてなし

通夜振る舞いは、喪主から弔問客への感謝の気持ちを伝える場です。喪主や世話役は弔問客に酒や料理を勧め、故人をしのぶ会話に参加します。

通夜振る舞いの料理は、仕出し料理や折り詰め、オードブルが大半です。これは葬儀のセット料金と別になっている場合が多いため、あらかじめ出席人数を予測し、葬儀社を通して注文する必要があるでしょう。

僧侶へのもてなし

通夜の後、喪主は控室の僧侶のところへ出向き、茶菓でもてなし、通夜振る舞いの用意ができたら上席へ案内します。

僧侶に交通費として「御車代」を渡す場合は、白い封筒に3千〜5千円程度包んで渡します。

席順の一例

通夜の席順は、喪主が棺のそばにつく以外は、特に明確な決まりはありません。参列者が焼香に向かう通路を中央にとり、全員が祭壇に向かって座ります。

祭　壇

喪主
遺族
僧侶
親族　世話役代表　職場関係者
親族　職場関係者
友人・知人　友人・知人

※席順はあくまでも一例です。会場出入り口の位置や地域風習によって異なります。

46

● 葬儀のあり方 一般葬（通夜を執り行う）

第2章 葬儀の備え

葬儀社と最終の打ち合わせ

通夜の後片付けの後、喪主と遺族、世話役代表は、葬儀社を交えて翌日の葬儀・告別式について打ち合わせをします。式の進行の確認や、席順、焼香の順序などのほか、火葬場へ行く人数もこの場で決めておきます。

通夜の流れと進め方

受け付け開始

弔問の受け付けは通夜開始時刻の1時間前が一般的なので、それまでには受付を設置する。

遺族・関係者の着席

開始15分前には、喪主をはじめ、遺族、近親者、世話役代表などは席に着く。参列者は到着順に着席することがマナー。

僧侶の出迎え

祭壇の飾り方、供物の位置などを僧侶に確認してもらう。控室では打ち合わせなども。

僧侶入場

進行係の案内で僧侶が入場。参列者は黙礼するのがマナー。

僧侶読経・焼香

おおむね30〜40分ほどの読経が行われる。喪主以下、遺族・参列者が焼香を行う。

僧侶法話

焼香後、僧侶が法話や説教をする場合も。

僧侶退場

参列者は黙礼して見送るのがマナー。

喪主あいさつ

喪主が遺族を代表して参列者へあいさつし、通夜振る舞いの席に促す。

通夜振る舞い

47

第2章 葬儀の備え

葬儀のあり方　一般葬（葬儀と告別式を執り行う）

葬儀・告別式の大まかな流れ

葬儀は遺族や近親者が故人をあの世へ送り、成仏を祈る儀式であるのに対し、告別式は故人と親交のあった人が、最後の別れを告げる儀式です。最近では、葬儀と告別式をともに行う場合が多くなりました。

葬儀の進行
※式次第は宗派や規模によって多少異なります。一般的には次のように進行します。

遺族と会葬者入場・着席
喪主・遺族・親族は定刻の10分前には席に着くこと。

僧侶入堂（入場）
参列者が全員着席したら、進行係が僧侶を迎えに行く。僧侶が入場の際は、みな黙礼して迎え入れる。

開式の辞
司会者のあいさつにより葬儀が執り行われる。

読経・引導
故人の成仏を願う読経と、死者を悟りの世界へと導くための引導が渡される（浄土真宗ではこの世で生が終わると直ちに成仏するので引導は必要ない）。

弔辞の拝受・弔電の紹介
司会者が弔辞を依頼した人の名を読み上げ、弔辞がささげられる。弔電は全文を紹介するのは数通にし、あとは氏名だけを紹介する。

読経・焼香
僧侶が焼香した後、喪主から席次の順に焼香する。

閉式の辞（僧侶の退堂）
司会者が葬儀の終了を告げ、引き続き告別式へと続く。休憩を入れる場合は、いったん僧侶は退場する。

●葬儀のあり方　一般葬（葬儀と告別式を執り行う）

第2章　葬儀の備え

葬儀・告別式の席順の一例

※席順は、会場のつくりや地域風習によって異なります。

告別式の進行

※式次第は宗派や規模によって多少異なります。一般的には次のように進行します。

僧侶入堂・開式の辞
僧侶を再び迎え入れ、司会者が開式のあいさつをする。

⇩

読経・会葬者焼香
遺族は会葬者の方を向き、焼香を済ませた人に黙礼する。

⇩

僧侶退堂
会葬者の焼香が終わると僧侶が退堂。控室において茶菓でもてなす。

⇩

喪主あいさつ
喪主、または遺族代表が会葬者に簡単なお礼を述べる。お礼を省き、出棺の際のあいさつだけにする場合もある。

⇩

閉式の辞
司会者が閉式の辞を述べて告別式が終了。出棺の準備に入る。

弔辞の依頼と弔電奉読の範囲

弔辞を頂く人には前もってお願いしておく必要があります。会社の上司や同僚、故人と親しかった友人など、2、3人に依頼するのが一般的とされています。

また、弔電が多数寄せられた場合には、葬儀の朝までに奉読する弔電を2、3通選んでおくこと。残りの弔電は氏名だけを読み上げます。

葬儀でお世話になった人には心付けを

「心付け」とは
料理や供花を渡す場合が多いですが、運転手や受付係などを務めてもらった人へ「心付け」を渡す場合があります。

金額は
葬儀の規模や地域によっても異なりますが、2,000円～5,000円を目安に。

心付けの渡し方は
小さな不祝儀袋や白い封筒などに入れて「志」、さらに「〇〇家」などと記すこと。打ち合わせの上、事前に葬儀社に依頼しておいてもよいでしょう。

第2章
葬儀の備え

葬儀のあり方　家族葬

主流になりつつある家族葬

その名の通り、家族を中心に近親者やごく親しい関係にある人だけで行う葬儀が家族葬です。近年、主流になりつつありますが、その要因として、核家族化により近所付き合いが少なくなっていること、また本人が高齢のため友人・知人が他界して少ないことなどが考えられます。

会葬者がごく親しい人に限られることで、気遣いや対応に追われずに済むことや、遺族や会葬者が故人とゆっくりお別れできることが特徴です。

費用の負担が変わることも念頭に

家族葬は決まった形式にとらわれるものではありません。そのため、たとえ規模が小さくなったとしても、営む遺族側の葬儀内容によっては、一般的な葬儀とそれほど費用が変わらないケースもあるようです。

むしろ会葬者が少ないため、香典を葬儀の費用に見込めないことも考慮する必要があります。

葬儀社には具体的なイメージを伝えること

後悔しない家族葬にするためには、参列者への連絡の仕方と葬儀社選びがポイントになります。特に葬儀社は家族葬に慣れているのはもちろん、柔軟に対応してくれる業者を選びましょう。また、遺族側は故人らしさを演出できるよう、より具体的なイメージを伝える必要があります。

ことも可能です。葬儀後の法要などもお願いすることができます。

菩提寺がない場合

故人の宗派が分かるなら葬儀社に依頼して僧侶を紹介してもらいましょう。戒名を授けてもらう

家族葬のメリットとデメリット

メリット
- 家族が故人とのお別れの時間をゆっくり過ごせる。
- 義理で参列する人がいないため、気遣いや対応に追われることなく供養に専念できる。
- 自由度が高いため、故人や遺族の思いを反映しやすい。

デメリット
- たとえ故人の遺志でも「なぜ知らせてくれなかった」と言われる可能性がある。
- 家族葬で行うことをはっきり知らせないと、予想以上に会葬者が来ることがある。
- 香典を葬儀の費用に見込めない。
- 葬儀後に知らせを受けた人の弔問がいつまでも続くことが想定される。

●葬儀のあり方　家族葬

家族葬後にはお別れ会を開く

葬儀後、故人の友人・知人、お世話になった人などを招いて「お別れ会」を開く場合があります。葬儀に参列し、故人にお別れをすることができなかった人にとっては、故人をしのぶとてもいい機会になるでしょう。また、お別れ会は死後2週間から1カ月後に行うことが理想です。時間をある程度おくことによって、気持ちも落ち着きを取り戻しているため、ゆとりを持って開くことができるからです。

お別れ会は自由なスタイルで

会場が斎場や寺院の会館などなら、遺骨を祭壇に飾り焼香を行いますが、ホテルなどを会場とした場合は、祭壇についてもホテルの許される範囲で行うことになります。このようにお別れ会の内容には明確な作法はありません。自由なスタイルで故人をしのび、お別れするのが一般的です。

具体的には、故人が好きだった楽曲を演奏したり歌ったりと、演出もさまざまです。しかし、できれば式のどこかに黙祷（もくとう）、焼香、献花、弔辞を行うなど、簡単な進行を決めておくと、式にもメリハリがあってよいでしょう。

お別れ会は喪主が主催します。通常は無宗教スタイルですので形式も会場も自由に選択できます。自宅やホテル、故人とゆかりのある場所などでもいいでしょう。

家族葬を知らせる際の連絡のポイント

- 葬儀に参列してもらう人をあらかじめ決めておく。生前に決めていなかった場合は、故人に最も近い親族と相談し、参列してもらう人の範囲を決める。
- 逝去の連絡をする際に「近親者のみで葬儀を行うため参列は遠慮願う」ことをはっきりと伝える。
- 逝去の連絡をしなかった人への連絡方法を決めておく。交友関係が広い場合は、後日お別れ会を行うなど、自宅への弔問が続くことへの対策をとるようにする。

弔問をお断りするときには

葬儀後に自宅への弔問が増える傾向にあることも、家族葬の特徴です。こうした弔問を遠慮する際は、まずは弔問したいという相手の気持ちに、丁寧に感謝を伝えること。その上で現在の状況、例えば感染症拡大などを踏まえてならば「このような状況で来ていただいて、万が一そちらに何かあっては申し訳ないので…」あるいは「自宅では、十分な距離をとった対応ができませんので…」と、相手を思いやる言葉でお断りしましょう。

また、改めてお別れの会などを設ける旨を伝えることも忘れずに。

家族葬の一例

納棺
- 死に化粧を遺族が行う
- 葬儀社の手伝いで納棺する

通夜
- 献花
- 会食（通夜振る舞い）
- 通夜の後、遺族が交代で故人に付き添う

葬儀・告別式
- 葬儀社の司会で進行
- 読経（菩提寺に依頼）
- 子ども、孫たちからのお別れの言葉
- 弔電拝読
- 焼香

火葬
- 全員で最後のお別れをする

第2章 葬儀の備え

葬儀のあり方 直葬（火葬式）

葬儀は行わなくても葬儀社には依頼

通夜、葬儀・告別式を行わず、火葬場で故人を見送るだけの葬儀が直葬（火葬式または荼毘葬）です。

一般的にはごく親しい人たちだけで執り行います。しかし、最後のお別れをしたいという人がいるならば、参列してもらうようにしましょう。

また、葬儀を行わなくても、火葬するまでにはさまざまな法的な手続きが必要になります。そのためにも、一般的な葬儀の流れとは異なる直葬でも、葬儀社の手配は考えるべきです。

菩提寺はなくても読経をしてもらいたい場合に おいても、事前に葬儀社を通して依頼するとよいでしょう。

悔いが残らないか考えてから決める

直葬を選択する理由に挙げられるのは、故人が高齢で周囲との付き合いがほとんどなかったことや、亡くなってからお金をかけるよりも、生前の医療や介護に少しでも費用を回したほうがよいという考え方。「葬儀は必要ない」とする遺志を遺族が受け入れたこと、経済的な面から葬儀を行うのが困難…といったものが多いようです。

しかし、現実的に直葬を行うのは少数です。親族の理解を得るだけでなく、後悔しないお別れができるよう、よく考えてから決めるべきです。

直葬の主な流れ

逝去

1日目
- 死亡診断書をもらう
- ↓
- 葬儀社に連絡
- ↓
- 遺体を搬送し安置する
- ↓
- 葬儀社と打ち合わせ
  - ●葬儀社に火葬許可証の交付の代行などを依頼する
- ↓
- 最後の夜を故人と過ごす

2日目
- 納棺
  - ●親族や葬儀社に手伝ってもらい納棺する
- ↓
- 火葬場へ
  - ●焼香をして最後のお別れをする 僧侶による読経を希望する場合は、打ち合わせ時に依頼しておく
- ↓
- 骨上げ
  - ●お骨を拾い骨壺に納める

直葬を行う際の注意点

親族や故人の友人・知人に知らせを出し、必ず理解してもらう。
「お別れしたかったのに、できなかった」という思いに配慮する。

菩提寺には必ず相談する。
納骨や法要のことも考慮し、まずは菩提寺に相談する。

弔問客が絶えないことがある。
故人の友人・知人が多い場合、葬儀後も個別の弔問が絶え間なく続き、いつまでも気持ちの切り替えができない。

参列者には会葬礼状と香典返しを。
どうしても焼香したいという人には参列してもらう。その際、香典を頂いた場合は後日香典返しを届ける。

●葬儀のあり方 直葬（火葬式）
●葬儀のあり方 無宗教葬

第2章　葬儀の備え

第2章
葬儀の備え

葬儀のあり方　無宗教葬

遺族の意向をくみ取り柔軟に対応してくれる葬儀社を選びましょう。

宗教、宗派にとらわれない葬儀

無宗教葬は、宗教や宗派の形式にとらわれず、自由なスタイルで行う葬儀、つまり自由葬といってもよいでしょう。

特に寺院と付き合いがない人や、自分らしい葬儀にこだわる人が利用するようです。

悔いのない葬儀になるよう三つのポイントを紹介します。

① 実績のある葬儀社を選ぶ

葬儀の内容を決めるのは遺族ですが、具体的な式次第を作成し、進行するのは葬儀社となります。無宗教葬の実績があり、

無宗教葬を検討されているならば、できるだけ葬儀社に相談または生前予約するなどし、葬儀に使用してもらいたいものをピックアップしておきましょう。

② 事前に準備しておく

故人らしい式にするために、故人の遺品を展示したり、生前のビデオや写真などで故人をしのんだりすることがあります。

臨終から葬儀までの限られた時間の中で、それらを準備するのは難しいものです。

③ 参列者の選定

参列者を故人と縁の深い人だけに限定する場合は、連絡する人をエンディングノートなどで確認できるようにしておきましょう。

無宗教葬のメリットとデメリット

メリット
- 形式にとらわれず、故人にふさわしい見送り方ができる
- 宗教者への費用がかからない

デメリット
- 菩提寺がある場合は仏式以外の葬儀は難しい
- 具体的な演出プランなど事前に準備しておかなければならないことが多い
- 親族らの理解が得られないことがある

無宗教葬の式次第の一例

遺族、参列者入場
故人が好きだった音楽が流れる中、遺族らが入場し着席する

⬇

開会の辞

⬇

黙祷

⬇

故人の経歴紹介
故人の実績や人となりを写真や動画で紹介する

⬇

追悼の言葉
参列者に思い出話や追悼の音楽など、自由なスタイルで故人にささげてもらう（参列者が少ない場合は全員で行う）

⬇

献花
喪主、遺族、親族、友人知人の順に献花する

⬇

喪主のあいさつ
無宗教葬の葬儀にした理由と参列者への感謝を伝える

⬇

閉会の辞

第2章
葬儀の備え

気になる葬儀の費用

葬儀にかかる費用の内訳

葬儀のセット料金は「ランク」と「内容」によって異なります。業者にもよりますが、安くて数十万円、高いセットでは上限なしというのが現状のようです。いずれにせよ、故人の遺志と葬家としての事情を考慮した上で、無理のない範囲で葬儀を執り行いましょう。

葬儀にかかる費用の内訳は、大別すると次の通りとなります。

費用の内訳

① 葬儀一式の費用

通夜・葬儀の祭壇設営、棺、霊柩車（れいきゅうしゃ）、骨壺（こつつぼ）、会葬礼状、返礼品、火葬料、ハイヤー、マイクロバスの費用など。

② 宗教関係者への支払い

仏式の場合は僧侶へのお礼（枕経、通夜、出棺、葬儀・告別式から初七日法要までのお経、戒名などの費用）、御膳料など。

神式の場合は神職へのお礼。キリスト教の場合は教会への献金、牧師、神父へのお礼など。

③ 接待飲食費

通夜振る舞い、精進落としの料理（地域によっては「仕上げ料理」と呼びます）、酒類など。

④ 香典返しの費用

忌明けの香典返しの費用。

⑤ 式場の使用料

斎場で通夜・葬儀を行った際の使用料。

⑥ その他の雑費

親戚の宿泊費や飲食費など。

セット料金のランクは真ん中が無難ではない

例えばセット料金や祭壇の規模に、A・B・Cのような料金設定がされていると、何事にも初めての経験である上、よく考えている余裕もないため、つい真ん中を選ぶ傾向にあるようです。

また、地域の習慣や、その家代々の葬儀のやり方も大切ですが、本来はいかに心を込めて故人を弔うかが重要なのです。

故人の社会的立場や経済力に合わせた葬儀を行うように心掛けましょう。

セットの内容の中には、個々にランクアップやダウンが可能なものも多いので、葬儀社への相談・確認はまめに行うようにしましょう。

互助会に加入している場合

突然まったくお金が必要となるのがお葬式です。しかし、故人が互助会に加入していれば、その葬儀システムを利用することができるので、気になる葬儀の費用については見積もりなどで金額を確認しましょう。

まずは、故人が互助会に加入していたかどうかを、確認しておきましょう（詳細は18～19ページ参照）。

それなら…

予算や規模はこれくらいです。

セット料金の内訳は？

54

第2章 葬儀の備え

- 気になる葬儀の費用
- 戒名について

戒名について

仏の弟子を意味する名前

戒名は本来、生前に受けるものでしたが、現在では亡くなってすぐに菩提寺の僧侶にお願いする形になっており、通常、仏式の葬儀では必ず受けることになっています。

戒名のつけ方は宗派によって異なりますが、おおむね故人の人柄や社会的実績などを加味した上で、ふさわしいものを授けてもらえるはずです。

もし、故人が生前好んでいた一字や、希望の字などがあるようなら、僧侶に伝えておくとよいでしょう。

宗派によって異なる戒名

戒名は宗派によって呼び名が異なります。天台宗、真言宗、禅宗の曹洞宗などでは「戒名」、浄土真宗では「法名」、日蓮宗では「法号」です。また、宗派によって用いられやすい字や特徴もあります。

浄土宗は誉号といい、五重相伝を受けた人に授けられ、「誉」の字が用いられます。浄土真宗の真宗大谷派（東本願寺）ではお釈迦様の弟子の証として男性には「釋」を、女性には「釋尼」を、本願寺派（西本願寺）は男女ともに「釋」を用います。日蓮宗は宗祖の名にちなんだ「日号」や、「妙法蓮華経」から男性は「法」を、女性は「妙」の一字が贈られます。

なお、天台宗の位牌には、戒名の上に「新円寂」と記されたり、浄土宗と真言宗では梵字が記されることがあります。

戒名の構成

宗派によって多少の違いはあるものの、一般的には次のような構成となっています（カッコ内は女性）。

大人
- □□○○信士（信女）
- △△院□□○○居士（大姉）
- △△院殿□□○○大居士（清大姉）

子ども（7～15歳ぐらい）
- ○○童子（童女）

幼児
- ○○孩児（孩女）

位牌：院号／道号／戒名／位号

院号・院殿号とは
戒名の中でも特に位が高いとされる院号と院殿号。信仰があつく、生前にその寺院に貢献した人や、社会的に高い貢献をした人に授けられます。

道号とは
戒名の上に付くもう一つの名が道号です。号とか字に当たるもので、歌人や俳人が別名を持っているようなものです。

位号とは
戒名の下に付き、成人に対して与えられるものと、未成年に対して与えられるものとに大別されます。この位号を付けた戒名が一般的とされています。

第2章 葬儀の備え

遺骨迎えと初七日法要

忌明けまで遺骨と位牌を安置する後飾り

四十九日の忌明けまで、遺骨、位牌、遺影を安置する祭壇が「後飾り」と呼ばれるものです。この祭壇は、火葬の間に葬儀社がしつらえてくれるケースが大半です。

祭壇には香炉、燭台などの仏具のほか、葬儀に使用された生花や供物が供えられ、そこへ火葬場から戻ってきた遺骨と位牌、遺影を安置することになります。

初七日法要は葬儀を締めくくる儀式

遺骨を迎え、祭壇に安置したら、後飾りの祭壇の前に集まり、全員が祭壇の前に集まり、僧侶の読経とともに遺族より順に焼香を済ませます。この儀式を終えると、葬儀はすべて終了となります。

近年では、初七日が葬儀の3、4日後になることや、葬儀終了後に遠方の親族にまた足を運んでもらうなどの手間を省くため、還骨勤行と初七日の法要を兼ねるケースが多くなってきました。

葬儀でお世話になった人の労をねぎらう精進落とし

初七日法要の後、僧侶や世話役など、葬儀でお世話になった人たちをもてなすために「精進落とし」の席を設けます。

喪主や遺族は、席に着いた一人一人を回りお礼を述べるのが礼儀です。

宴席の時間は1時間半ほどを目安にし、適当な時間を見て喪主があいさつに立ち、お開きとします。

また、僧侶が精進落としの席を辞退した場合は、「御膳料」と「御車代」を包んで渡します。御車代は僧侶が出席した場合にも包みます。

喪主はお礼のあいさつと今後の日程を報告する

精進落としの会食は、葬儀関係者の労をねぎらうためのものなので、まずは喪主がお礼のあいさつをします。あいさつ終了後に、親族代表による献杯で会食が始まります。

喪主は宴席の間に今後の法要や納骨の日程についても報告しておきます。

なお、この間に必要事項を伝えられなかった場合は、お開きのあいさつの際に伝えても構いません。ただ一周忌の法要に関しては、たとえ口頭で伝えてあるとしても、あらためて案内状を出すのが正式な方法です。

遺骨を分骨したいとき

故人のための墓のほかに、遠く離れた故郷の菩提寺にも納骨したい場合は、遺骨の一部をあらかじめ分けておく必要があります。こうしたときは事前に葬儀社に伝え、分骨用の骨壺と錦袋を用意してもらいます。また、分骨する遺骨は、火葬場の係員からより分けてもらいましょう。

注意する点は、2カ所以上に埋葬する場合です。その際は「埋葬許可証」も必要な枚数を火葬場で発行してもらう必要があります。

一般的な神式の葬儀の執り行い方

神式の通夜・葬儀は神社では行われない

神道では、通夜や葬儀は神社で行わず、自宅や葬儀の枕飾りをして神職を招き、枕直しの儀と納棺の儀を行います。しかし近年では略式で行われることが多く、身内だけで拝礼し納棺するケースが増えているようです。

遺体は榊の葉に水をつけて故人の口を潤し、顔面には白紙を張って、忌明けまでは、弔いに専心します。

なお、葬家の神棚の前に白布を掛け、北枕に寝かせます。その後、神式祖霊社、斎場に神職を迎えて執り行います。

拝礼の作法は、二拝・二拍手（神道教団によっては四拍手）・一拝ですが、忌明けまでは拍手の際、忍び手（音を立てない拍手）をします。

忍び手のやり方

かしわ手を打つ手前で止め、音を立てないように拍手します

通夜祭・遷霊祭と葬場祭

仏式の通夜にあたる儀式が通夜祭と遷霊祭です。

遷霊祭は故人の魂を霊璽（仏式の位牌に該当）に遷す儀式です。霊をつかさどる神職の斎主によって遷霊の儀が執り行われた後、祭壇に玉串をささげます。

遷霊祭後には、仏式の通夜振る舞いにあたる直会が催されることがあります。

故人に最後の別れを告げる葬儀・告別式となるのが葬場祭です。弔辞・弔電の紹介なども行われます。一般的には上記のように進行します。

- 遺骨迎えと初七日法要
- 一般的な神式の葬儀の執り行い方

神式の臨終後から葬儀までの大まかな流れ

臨終・遺体の安置
故人の口を水で潤し、顔に白布を掛けて遺体を北枕に寝かせる。

枕直しの儀
故人の死を憂いて徳をしのび、枕飾りをして、洗米、神酒、水、塩等を供える。家族、親族は側に控える。

納棺の儀
遺体を棺に納める。棺の前を装飾し、お供えして拝礼する。

通夜祭
故人をたたえ面影をしのびつつ御霊（みたま）を慰める。本来は霊魂のよみがえりを祈るもの。お供えをして斎主が祭詞を唱え、喪主、遺族、親族の順に玉串をささげる。

遷霊祭
故人の御霊を霊璽に遷し鎮める。室内の明かりをすべて消し、厳かに行われる。

葬場祭
故人に最後のお別れをする。手水の儀、お祓い（修祓の儀）の後、斎員による供物のお供え（奉幣・献饌の儀）をする。斎主による祭詞の奏上などの後、斎主、遺族、親族、関係者が玉串拝礼を行う。祭壇の供物を下げる（撤幣・撤饌の儀）。

第2章 葬儀の備え

出雲大社教の葬儀の執り行い方

招魂祭の後、「警蹕」を唱える

出雲大社教は、島根県をはじめ全国に教徒がいます。

帰幽（神道で死去したこと）を受けて、祖霊社にその旨が伝えられます。

遺族は、神棚に白紙を貼り、白布で顔面を覆い、北枕にして安置します。

入棺では、棺の上に守り刀を置き、遺族が「幽冥神語」の「幽冥大神憐給恵給（めぐみたまへ）　幸魂奇魂守給幸給（さきみたまくしみたままもりたまひさきはへたまへ）」を唱えます。

御霊（みたま）を霊璽（仏教でいう位牌）に遷霊する「招魂祭」では、招魂祭詞を奏上します。霊璽には御霊を記す「戒諭文」を宣読するのが出雲大社教の特徴のひとつです。これは、御霊典では、帰幽者に対する唱えことばとして、斎主が「幽冥神語」の「幽冥大神憐給恵給　幸魂奇魂守給幸給」を三回唱えます。

「幽冥神語」を斎主が3回唱える

葬祭をはじめとする祭上します。霊璽には御霊を記す「○○（本名）霊神」と記します。

招魂祭が終わり、灯が消えると祭員が「オーー！」と警蹕を唱え、霊魂を遷します。

その後、前夜祭（一般神式の「通夜祭」）では、「行く末かけて安らかに鎮まりませ」と安寧を願う前夜祭詞を奏上。一晩、「夜伽」をして、帰幽者（亡くなった人）を偲びます。

葬祭の後に埋葬する場合は、墓所で近親者によって「埋葬祭」を執り行います。

続く「還家祭」で、家の清祓いをし、五十日間、霊璽を仮奉安します。「十日祭」を繰り上げて還家祭の後に執り行う場合もあります。

「戒諭文」を宣読するのが特徴

「出棺」と「火葬」の後、「葬祭」（告別式）を執り行います。

葬祭に先立って、斎主

忍び手で二拝・四拍手・一拝

出雲大社の拝礼の作法は、二拝・四拍手・一拝ですから、出雲大社教の葬儀の拝礼も、二拝・四拍手・一拝で忍び手（音を立てない拍手）で行います。

四拍手の忍び手

58

出雲教の葬儀の執り行い方

● 出雲大社教の葬儀の執り行い方
● 出雲教の葬儀の執り行い方

第2章 葬儀の備え

出雲教では「通夜祭」

出雲教も出雲大社を支える神道教団です。

出雲大社教の「通夜」は、出雲大社教が「前夜祭」と言うのに対し、出雲教が一般的な神式の葬祭と同じように「通夜祭」と呼びます。

近年、「枕直しの儀」は行わず、帰幽の報告が入ると、祖霊社で「帰幽奉告祭」を執り行います。

出雲地区では、「葬祭」の前に、「火葬祭」を執り行いますが、出雲大社では行わず、「通夜祭・遷霊祭」の後、続いて「火葬祭」を執り行います。

葬祭では、出雲大社教と同じように、斎主が「幽冥大神　憐給恵給　幸魂奇魂守給幸給」を三回唱えます。

「玉串拝礼」後に「葬祭終了奉告」

「玉串拝礼」の後に、「葬祭終了奉告」を執り行い、幽冥主宰大神（大国主大神）様に葬祭が終わったことを告げるのが、一般神式と異なります。

葬祭は近年、墓地から離れた葬祭会館などで執り行われるようになったため、墓に納骨する「埋葬祭」は、五十日祭（仏式の「四十九日」）に合わせて行うこともあります。

出雲教 神葬祭の大まかな流れ

祭員参進
斎主以下祭員が入場する

修祓
神職が式場・供物・祭員・参列者を祓い清める。お祓いを受けるときは、頭を低く垂れること

斎主一拝
斎主に併せて、参列者一同が一拝する

葬祭詞奏上
斎主が故人の経歴・人柄・功績などを盛り込んだ祭詞を奏上。一同、頭を下げて聞く。奏上の後、「幽冥神語」三唱する

斎主玉串拝礼
斎主が玉串を霊前にささげ、拝礼する。その際、忍び手で二拝四拍一拝する

喪主玉串拝礼・遺族玉串拝礼
喪主が玉串拝礼をする。続いて遺族が行う

代表玉串拝礼・一般玉串拝礼
会社関係者など、参列者代表が玉串拝礼をする。続いて一般参列者が行う

葬祭終了奉告
葬祭が終わったことを神に告げる

斎主一拝
斎主に合わせて、参列者一同が一拝する

喪主あいさつ
遺族を代表して、喪主があいさつする

祭員退下
祭員が退場する

↓

埋葬祭
墓地に移動して納骨する

出雲教〜拝礼作法〜

◎ 玉串を両手で持ち御霊前に進む
← ◎ 玉串を胸高に上げて一拝
← ◎ 心中でご冥福を祈り、玉串の根元を時計回転に回して祭壇に供える
← ◎ 二拝する
← ◎ 忍び手で四拍手（無音）
← ◎ 一拝する

キリスト教式の葬儀の執り行い方

第2章 葬儀の備え

カトリックの通夜・葬儀

カトリックの葬儀は故人の罪を許してもらい、永遠の安息を得られるようにと祈る儀式です。そのために本人の意識がまだあるうちに神父を迎え「病者の塗油（とゆ）」という儀式を行ってもらいます。また、臨終後には顔に白布をかぶせて安置し、十字架、燭台、生花などを枕飾りとして置くのが一般的のようです。

神父立ち会いのもとに納棺式が行われた後、通夜の集いまたは通夜の祈りと呼ばれる儀式が行われることになります。告別式を行う際は教会の了承を得た上で、教会ではなく喪主側（遺族）の手で行います。

プロテスタントの通夜・葬儀

信者が危篤状態になったら速やかに所属する教会の牧師を迎え、聖餐式（せいさんしき）を行います。この儀式では、信者の意識が残っているうちにパンとぶどう酒を与え、安らかに天国に召されるようにと祈る進行例を紹介します。

プロテスタントの葬儀はカトリックに比べて簡素で柔軟性があるようです。ただし教派の数がとても多いので、儀式のやり方などは、故人が属していた教会に相談すべきでしょう。一般的とされます。

●キリスト教式の葬儀の執り行い方

カトリックの納棺から葬儀までの主な流れ

納棺式

遺体を清めて着替えさせたら、胸の上で手を組ませ、ロザリオを持たせる。遺族や近親者が取り囲む中、神父が納棺の言葉をささげ、聖書朗読、聖歌斉唱、祈りを行った後、遺体を棺に納める。

通夜の集い／通夜の祈り

聖歌斉唱、聖書朗読、神父の説教、一同による黙祷、献香や献花、遺族のあいさつなどが行われる。式次第の後に茶話会が催されることもある。

葬儀ミサ

言葉の典礼では聖書朗読や聖歌斉唱などを行った後、神父の説教、遺族が祭壇にパンとぶどう酒をささげ、故人が神に受け入れられることを祈る感謝の典礼を行う。

告別式

聖歌斉唱、神父の言葉、献香、散水（さっすい）、告別の祈りを行った後、神父は退場。弔辞・弔電の紹介、遺族代表のあいさつ、献花と聖歌斉唱などが執り行われる。

プロテスタントの納棺から葬儀までの主な流れ

納棺式

牧師が開式を告げ、聖書朗読、祈りをささげた後、遺族の手で遺体を棺に納める。

前夜式／前夜祭

賛美歌斉唱、聖書朗読、祈りをささげ、牧師が故人をしのぶ説教をする。その後、献花し遺族があいさつ。式次第の後に茶話会が催されることもある。

葬儀・告別式

奏楽のほか、聖書朗読、祈祷（きとう）、賛美歌斉唱、牧師の説教の後、弔辞・弔電の紹介。賛美歌斉唱、告別の祈り、遺族代表のあいさつ、献花などが行われる。

第2章　葬儀の備え なんでも Q&A

Q 喪主は男性が務めるものと決まっているでしょうか？

A 古くからのしきたりで、故人の妻が健在でも長男を喪主とする慣習がありました。ですが、家族の事情に合わせて葬儀後に仏壇を守ったり、年忌法要を営むときに主となるのが妻や娘であれば、喪主は男性に限りません。

Q 供物・供花の並べ方はどのように決めるべきですか？

A 一般的に、供物・供花（くげ・きょうか）は祭壇の奥から並べます。近親者のものは血縁の濃い順に、友人・知人、仕事関係などは、故人と関係の深かった順に並べます。順番に失礼がないよう、通夜が始まる準備中に、世話役を中心に名前の書き間違えがないか、並びの順番は適切かを確認してもらいましょう。

Q 主な葬儀のスケジュールの違いを教えてください。

A 一般的な葬儀と火葬場で故人を見送る直葬の大まかな流れは、次の図の通りになります（※亡くなった時間や火葬場の空き状況によって異なる場合があります）。

お悔やみ広告は 山陰中央新報に

広告＋記事のセットでさらに詳しく、読者の皆さまにお知らせできます。

■死亡通知広告

前日の午後3時までにお申し込みいただくと、翌日にお悔やみ情報と併せて掲載いたします。

縁故者や肩書きなどの掲載が可能
※掲載イメージ網掛け部分

── 死亡通知広告の掲載イメージ ──

父 太郎儀 六月一日午前一時
三十分九十歳の天寿を全うし
永眠致しました
ここに生前のご厚誼を深謝し
謹んでご通知申し上げます
おって一般会葬は流れ焼香により六月二日午
後一時から一時三十分まで市内松江町の松江
会館において相営みます
令和六年六月二日
松江市松江町一二三
喪主 松江 一郎
故人の妻 松江 花子
外親戚一同
株式会社松江新報社

7cm×2段 156,700円（税込）

── 記事の掲載イメージ ──

◆松江
松江 太郎さん（まつえ・たろう＝元松江新報社社長。松江新報社総務部部長松江一郎さんの父）1日午前1時半、老衰のため松江市内の病院で死去、90歳。自宅は松江市松江町123。通夜は2日午後5時から同6時まで、一般会葬は3日午後1時から同1時半までいずれも流れ焼香により市内松江町の松江会館で。喪主は長男一郎（いちろう）さん。
元松江新報社社長花子さんの夫、松江銀行松江支店長次郎さん、松江銀行出雲支店勤務月子さんの父

（記事は各地区ごとにまとめて掲載し、広告付随の記事を先頭に掲載します）

会葬御礼広告の掲載も可能です

葬儀に参列してくださった皆さまへ感謝の気持らをお伝えいただけます

■会葬御礼広告

── 会葬御礼広告の掲載イメージ ──

ご会葬御礼
父 太郎儀 六月三日の葬儀に際しまして
はご多忙中のところご弔慰ご会葬をいた
だき霊前にはご丁重なるご厚志を賜りま
したことに略儀ながら紙上を借りて厚く
お礼申し上げます
なおお勝手ながら香典返しの儀は社会福祉事業への
寄付によりかえさせていただきます
令和六年六月二日
松江市松江町一二三
喪主 松江 一郎
外親戚一同
株式会社松江新報社

死亡通知広告の料金表

大きさ(cm)	広告料金（税込）
5×2段	111,900円
6×2段	134,300円
7×2段	156,700円
8×2段	179,100円
9×2段	201,500円
10×2段	223,800円
11×2段	246,200円
12×2段	268,600円
13×2段	291,000円
14×2段	313,300円
15×2段	335,700円
16×2段	358,100円
17×2段	380,500円
18×2段	402,900円
19×2段	425,300円
20×2段	447,700円

会葬御礼広告の料金表

大きさ(cm)	広告料金（税込）
5×2段	94,300円
6×2段	113,100円
7×2段	132,000円
8×2段	150,900円
9×2段	169,700円
10×2段	188,600円
11×2段	207,500円
12×2段	226,300円
13×2段	245,200円
14×2段	264,100円
15×2段	282,900円
16×2段	301,800円
17×2段	320,700円
18×2段	339,500円
19×2段	358,400円
20×2段	377,300円

※上記広告料金には制作料が含まれています。
※会葬御礼広告の料金は、死亡通知広告とセットでの掲載の場合です。
　会葬御礼広告単独の場合は、死亡通知広告の料金を適用します。
※料金は2024年12月現在。改定する場合があります。

広告のお申し込み・お問い合わせは　山陰中央新報社 ビジネスプロデュース局　TEL／0852-32-3380

第3章 葬儀を終えたら
～大切にしたい葬儀後の習わし～

- ●葬儀後の事務処理とお礼
- ●会葬礼状と香典返し・忌明けのあいさつ
- ●納骨の時期と方法
- ●忌中と喪中の過ごし方
- ●仏壇の購入と拝み方
- ●墓地の基礎知識
- ●お墓の基礎知識
- ●葬儀後の法要、儀式
- ●お墓参りの時期と作法
- ●ペット葬について
- ●葬儀を終えたら なんでもQ&A

第3章 葬儀を終えたら

葬儀後の事務処理とお礼

喪主・遺族代表は事務の引き継ぎを

葬儀と精進落としが済んだら、喪主と遺族代表は世話役や手伝いの人と、葬儀事務の引き継ぎを行わなければなりません。世話役から受け取るものは次の五つです。

① 会葬者名簿、弔問客の名刺
② 香典と香典帳
③ 供物・供花の記録帳
④ 弔辞・弔電
⑤ 会計の収入記録をした出納帳、請求書、領収書など

なお会計係とは、葬儀にかかった費用に関する書類などを整理し、入金・出金・未払いなどの金額を照らし合わせながら確認しましょう。

また、葬儀社からの請求書は明細書と見積書をよく照らし合わせ、内容を十分に確認した上で支払いましょう。

相続税の控除対象となる葬儀費用

葬儀に関する費用は、相続税控除の対象となります。ですから、葬儀社からの領収書や請求書などは必ず受け取りましょう。また、出納帳には明細をなるべく細かく記載しておくこと。これらの各種書類は相続税の申告の際に必要となります。しっかりと保管しておきましょう。

葬儀を終えたら謝礼とあいさつ回りを

お世話になった寺院や神社、教会へは、葬儀の翌日以降速やかにお礼に出向くのが礼儀です。その際は喪主と遺族代表の二人で出向いたほうがより丁寧です。服装は平服でも構いませんが、喪服でもよいでしょう。

具体的な金額を提示していない場合は、葬儀の規定料金を設定しているところが多いので、確認してみてもよいでしょう。

最近では葬儀社に相談して最近では葬儀の謝礼も規模や故人の地位、僧侶の人数や地位、遺族の経済状況などを考慮して決めるのが一般的のようです。

判断がつかないときは、檀家総代や世話役、葬儀社、教会の信者の長老などに相談してみるのもよいでしょう。

あるいはそれに準じた地味なものにします。また近年、お礼は葬儀の日に渡すケースも増えているので、葬儀社に相談してみてもよいでしょう。

直接寺院などに費用を尋ねるときのあいさつ例

誠に恐れ入りますが、お布施の準備の都合もございますので、いかほどご用意したらよろしいかお聞かせ願えればと存じます。

隣近所などへは初七日までにあいさつを

葬儀では宗教関係者以外にも、多くの方にお世話になります。お礼のあいさつ回りは早めに伺いましょう。

葬儀後に受け取るもの

御香典帳

●葬儀後の事務処理とお礼

謝礼の包み方と表書き

謝礼の表書き

●寺院へのお礼

御布施
○○○○

●一括して「御布施」とする。複数の僧侶を招いた際も、それぞれに御布施を包む。

●神社へのお礼

祭祀料
○○○○

●「祭祀料」または「御礼」などとして、斎主、斎員、楽員それぞれに包む。

●教会へのお礼

献　金
○○○○

●教会へは「献金」として包む。神父や牧師、オルガン奏者、聖歌隊には「御礼」を別に包む。

謝礼は奉書紙（ほうしょがみ）に包むか、白い封筒に入れます。先方に不幸があったわけではないので、不祝儀袋は使用しないこと。封筒はふくさに包んで持参し、差し出すときはふくさを開き、封筒を小さな盆や菓子折りに載せて渡します。くれぐれも表書きが先方から読めるよう、封筒の向きには気をつけましょう。表書きはそれぞれの宗教に合わせ、筆または筆ペンで記します。

寺院などに持参する場合のマナー

お世話になった寺院へ謝礼を持って出向く際は、菓子折りなども一緒に持参するとより丁寧です。謝礼を渡すときはふくさから取り出し、持参した菓子折りなどの上に載せて差し出すのが礼儀です。

世話役・世話役代表へ

世話役へは受付などの手伝いの終了後に、精進落としの料理（仕上げ料理）などお礼を渡します。世話役代表（葬儀委員長）には、後日あらためてお礼のあいさつに出向きましょう。

故人の勤務先へ

故人が在職中であった場合は、職場へもあいさつに出向くこと。その際は事前に電話連絡をとることが礼儀です。また、菓子折りなども持参するとよいでしょう。勤務先では、机・ロッカーなどの私物の整理や、「遺族厚生年金の請求」「給与・退職金の精算」などの事務手続きを行います。

ご近所へ

葬儀を手伝ってくれた人はもちろん、車や人の出入りで迷惑をかけたご近所にもお詫びかたがたあいさつに伺います。特にお世話になった人には菓子折りなどのお礼も持参しましょう。

第3章
葬儀を
終えたら

会葬礼状と香典返し・忌明けのあいさつ

遠方の方には会葬礼状を送る

本来は葬儀後に郵送するのが正式な会葬礼状ですが、最近は通夜・葬儀の際に、お清めの塩や返礼品とともに渡すのが一般的となっています。

しかし、弔問には見えず弔電を打ってくれた方や、遠方から香典や供物・供花を送ってくださった方には、あいさつの機会を失わないためにも、礼状は必ず出しましょう。仮に葬儀が年末に行われた場合は、松の内（一般的に1月7日以降）が過ぎてから届くように発送するのが礼儀です。

四十九日の忌明け後の香典返し

香典返しは通常、三十五日か四十九日の忌明け後に、あいさつ状を添えて届けるのが一般的です。

しかし、故人の遺志や家族の希望などで、香典を福祉施設などに寄付した場合は、お返しは行いません。その際は、寄付した旨を記したあいさつ状を送ります。

香典の金額が大きかった場合には、四十九日法要の後に金額に見合った品物を届けます。

神式・キリスト教式のお返しは

神式では五十日祭の忌明けを迎えたころにお返しをします。水引は黒白または黄白で表書きは「偲草」や「志」とします。

キリスト教式はもともと香典や香典返しの習慣はありませんでしたが、仏式や神式に倣い1カ月後の命日のころにお返しをするようになりました。水引は神式と同じく、表書きは「偲草」や「記念品」または「志」となります。

香典返しは半返しが目安

頂いた香典の半額相当の品物をお返しするのが、香典返しの習慣のようですが、最近はタオルセットやシーツ・毛布、漆器・陶器などもよく選ばれるようです。また、有名店の菓子など品物にこだわる人もいるようです。

以前は「故人を思い出してつらい」という理由から、消耗品を香典返しにするのが一般的でしたが、最近はタオルセットやシーツ・毛布、漆器・陶器などもよく選ばれるようです。また、有名店の菓子など品物にこだわる人もいるようです。

しかし、香典の額に応じて3段階ほどに分けて品物を選ぶ方法や、金額にかかわらず一律の品物にする方法もあります。

香典・供物・供花の礼状の文例

謹啓　亡父〇〇儀　葬儀に際しましては、ご鄭重なるご弔慰を賜り誠にありがたく深謝いたします。早速拝眉の上、御礼申し上げるべきでございますが略儀ながら書中をもって御礼申し上げます。

敬具

弔電への礼状の文例

この度の葬儀に際しましては、早速ご鄭重なるご弔電を賜りご芳情の程ありがたく厚く御礼申し上げます。

おかげさまをもちまして葬儀も滞りなく執り行わせていただきました。ここに生前のご厚誼に深謝し衷心より御礼申し上げます。

忌明けのあいさつ状はオリジナル性を高めて

あいさつの文面は、百貨店やギフトショップなどの専門業者に、宗教に合わせた数種類の文例が用意されています。

そうした既成の文章を利用しても構いませんが、故人の思い出や現在の遺族の状況を記すことで、オリジナル性が高まるとともに、相手先にも心のこもったあいさつ状となるはずです。

葬儀後に出す死亡通知もある

葬儀の連絡を遠慮した人や、連絡が不可能だった人へは、お詫びかたがた、死亡通知を出します。

香典返しの表書きは

香典返しの品物には白の奉書紙を掛け、黒白かグレーの水引を結ぶのが正式です。しかし、近年では既に水引が印刷された掛け紙を使うことが主流となりました。

表書きは「志」か「忌明志(きあけし)」です。百貨店やスーパー、ギフトショップなどに依頼する際は、香典返しであることを忘れずに伝えましょう。

香典返しの添え状（忌明けのあいさつ状）の文例

謹啓　先般、父○○、永眠の際には、ご多忙のところご弔問をいただき、そのうえご丁寧なご芳志まで賜りまして、誠にありがとうございました。

本日、故人の七七日忌にあたり、内々にて法要を営みました。つきましては、供養のしるしに心ばかりの品をお届けさせていただきました。何とぞお納めくださいますようお願い申し上げます。

まずは略儀ながら、書中をもちましてごあいさつ申し上げます。

敬白

令和○年○月○日

○○○○

葬儀後の死亡通知の文例

父○○儀　病気療養中のところ、病勢にわかに募り○月○日永眠いたしました。

早速お知らせ申し上げるべきところでございましたが、ご通知が遅れましたことを深くお詫び申し上げます。

葬儀は○月○日滞りなく相済ませました。ここに生前のご厚誼に深謝し衷心より御礼申し上げます。

第3章 葬儀を終えたら

納骨の時期と方法

納骨は四十九日か一周忌に

葬儀を終えてから遺骨を自宅で安置し、四十九日の法要とともに納骨式を行ってから納骨するのが一般的とされています。

しかし、お墓をまだ建てていない場合は、一周忌か遅くても三回忌までに用意をし、納骨します。

自宅で遺骨を安置する際は、仏壇の前や床の間に後飾りの祭壇を設け、そこに安置し、水とご飯を供えて供養します。

また、お墓を建てるまでに時間がかかりそうなときは、寺院や墓地の納骨堂に仮納骨することも可能です。

納骨に必要な持ち物リスト
- ●遺骨 ●遺影 ●位牌（いはい）
- ●お布施 ●埋葬許可証
- ●印鑑 ●線香 ●供花（きょう）
- ●供物 ●墓地の使用許可証

●埋葬許可証とは、火葬の際に提出した火葬許可証に、記入・押印されたものです。

と、また菩提寺がない場合は霊園や墓地などの管理事務所と連絡をとり、日程を決めるとよいでしょう。

納骨日に行う「納骨式」

親戚や故人の親しい友人などで、納骨の当日に厳粛に行われるのが「納骨式」です。

喪主か遺族代表が遺骨を納めたら、僧侶による読経、焼香が行われます。式後にお斎（とき）を開き、故人をしのぶのが一般的な流れです。

納骨日は菩提寺（ぼだいじ）の僧侶

納骨の際は「埋葬許可証」を忘れずに

埋葬許可証は多くの場合、火葬場の係員が手渡してくれます。納骨の際に必要な書類ですから、紛失しないように管理しておきましょう。

神式とキリスト教式の納骨

キリスト教式の場合

海外では土葬が基本のキリスト教ですが、日本ではもちろん火葬となります。特に納骨の時期は決まっていませんが、カトリックでは7日目の追悼ミサの翌日か1カ月後。プロテスタントの場合は、1カ月後の「昇天記念日」に行われることが多いようです。

神式の場合

火葬・骨上げ後、速やかに墓前へ神職を招いて「埋葬祭」を行って納骨します。お墓がまだ用意されていない場合は、五十日祭か一年祭を目安に納骨を行うケースが多いようです。

68

●納骨の時期と方法
●忌中と喪中の過ごし方

第3章 葬儀を終えたら

忌中と喪中の過ごし方

忌中と喪中の違い

「喪に服す」という意味は、近親者が亡くなったとき、一定期間、身を慎んで過ごすことをいいます。古くは死のけがれが濃い期間を「忌」、薄くなった期間を「喪」といいました。現在は四十九日までを「忌中」、一周忌までを「喪中」とするのが一般的です。

喪に服す近親者の範囲は、配偶者と一親等（父母、子）、二親等（祖父母、兄弟姉妹、孫）の血族とするのが一般的のようです。故人が姻族で同居していた場合には、これも喪に服すことがあります。

忌中の過ごし方

かつて忌中の期間の遺族は、慶事などにはかかわることなく、家にもこもり故人の弔いに専念しました。しかし、現在の社会生活の中では、喪に服すために会社や学校を四十九日間も休むわけにはいきません。

そこで一般的には、官公庁服務規程による忌引期間や勤務先の規定に従い、その後は平常な社会生活へと復帰するようにします。

例えば不幸の前から予定されていた慶事には、先方へ自分が喪中であることを伝えてから出席するケースも多いようです。なお、自分が喪中であることを知らない相手には、あえて知らせる必要はありません。

喪中の過ごし方

喪に服している期間は原則として次のようなことを避けるべきだとされています。

- ●結婚式・祝賀会・落成式といった祝い事への出席
- ●正月飾り・初詣・年賀状
- ●歳暮や中元

しかし近年ではこれも絶対的な禁止事項ではなくなっているようです。

官公庁服務規程による忌引期間

	続柄	期間
	配偶者	10日間
血族	父・母	7日間
	子	5日間
	祖父母	3日間
	兄弟姉妹	3日間
	孫	1日間
	伯父（叔父）・伯母（叔母）	1日間
姻族	配偶者の父母	3日間
	配偶者の祖父母	1日間
	配偶者の兄弟姉妹	1日間

第3章
葬儀を
終えたら

仏壇の購入と拝み方

家の宗派に合わせて選ぶ

仏壇を購入する時期に決まりはありません。いつでもよいのですが、お彼岸やお盆、法要などを機に求めることが多いようです。仏壇のない家で不幸があった場合は、四十九日の忌明けの法要までに用意します。

仏壇は宗派によって本尊や仏具、飾り方が異なるので、それに合った仏壇を選ぶことが大事です。購入前に菩提寺に相談するか、信頼できる仏壇店を選んでよく相談しておきましょう。

購入するときは、あらかじめ安置する場所を決めておき、置く場所の高さや横幅、奥行きなども正確に測ってから、仏壇店に出向きます。

開眼供養を営む

新しい仏壇を購入したときは、菩提寺に依頼して、仏壇に祭る新しい本尊や位牌に対して「開眼供養」を営まなければなりません。これは御魂入れや入魂式とも呼ばれる儀式で、本尊を安置する清浄な場所となるよう、お清めの儀式を行います。

古い仏壇は寺か仏壇店に頼み、供養をしてから処分します。

四十九日の法要の前に求めた仏壇は、忌明けまで使用しません。

通夜の際に用意した白木の位牌は寺に納め、本木の位牌(塗り位牌。浄土真宗では用いず)を新たに買い求めて、寺に入魂供養してもらい、忌明け後に仏壇に安置します。

先祖の位牌が多くなったときなどは、寺に依頼して戒名を過去帳に移し替えるか、厨子形の枠の中に数枚の位牌札が入った繰り出し位牌に移し替えます。

仏壇の拝み方

仏壇には毎朝夕にお供え物をし、手を合わせるのが原則です。

仏飯は炊きたてを供えるか、パン食の場合はパンを供えます。花の水はいたままにしている家が多いようですが、本来は毎日取り換え、花以外のお供えは、その日のうちに下げておきます。

礼拝は、仏壇前に正座し、一礼することから始めます。

次にろうそくに火をともし、その火で線香をともして香炉に立てます。ただし、浄土真宗は線香を折って火をともし、灰の上に横にして置きます。

リンを二つ打って鳴らし、合掌します。その後、くなり、リビングに安置

仏壇の扉は、供えた花などがかさばるため、開いたままにしている家が多いようですが、本来は夜寝るときに閉め、朝のお祈りのときに開けるのが作法です。

正式なら読経しますが、場合によっては略してもかまいません。合掌するときは数珠を持つようにします。

住宅事情に合わせた仏壇選び

かつては、その家で最も大切な部屋が仏間とされ、仏壇はそこに安置されました。しかし、現在では仏間のある家は少な

第3章 葬儀を終えたら ●仏壇の購入と拝み方

するケースもあります。そうしたことからも、洋風の部屋にもなじむモダンなデザインの「家具調仏壇」も目にするようになりました。安置場所は、直射日光が差し込まず、湿気の少ない場所が望ましいです。

仏壇の形は、背の高い「床置き型」、和室の戸棚の地袋に納まるサイズの「地袋型」、棚などの上に置ける小型の「上置き型」に分けられます。安置場所を決めてから、サイズを確認して選びましょう。また本来、仏壇を安置する向きなどにも諸説あり注意が必要ですが、現代の住宅事情では難しいので、仏壇と神棚が正面から向かい合わないことを意識して置きましょう。

神式の神棚と祖霊舎

神棚は神様を祭るものであり、祖霊舎（それいしゃ）は人が亡くなったときに、神棚とは別に設けるものです。祖霊舎には祖先の霊を祭り、霊璽（れいじ）を納めます。

それぞれに神具を飾り、二拝・二拍手・一拝を行います。洗米、神酒（みき）、塩、水、頂き物を供え、榊（さかき）を飾るようにします。

毎月1日と15日には「月次祭」として普段より丁寧に祭り、榊、神酒、塩、水などを新しくして、お供え物も多くする場合がみられます。

お供え物は、三宝の上に置いたり、そのまま供えたりします。お供え物は後でいただきます。

キリスト教式の場合

キリスト教では、故人を祭る習慣は特にありません。故人の写真を思い出として飾る程度か、または、家庭用の小さな祭壇を購入し、供養を行う家もあるようです。

しかし、いわゆる日常のお勤めは、毎日曜日の教会における礼拝が中心になっています。食前のお祈りを含め、神への祈りがそのまま故人を追悼する行為につながっているものと考えられます。

家庭用の祭壇を利用する場合は、十字架、ろうそく台、花瓶を基本に、宗派に応じて用具をそろえます。

礼拝の作法の一例

仏壇の前に正座して一礼する

ろうそくに火をともし、線香へ火を移す
線香の火はあおいで消す

リンを2回打つ

合掌して深く礼

第3章 葬儀を終えたら

墓地の基礎知識

墓地の種類

遺体や遺骨の埋葬・埋蔵については「墓地、埋葬等に関する法律」によって規制されており、墓地の「永代使用権」を手に入れることで埋葬・埋蔵していることになっています。

墓地は性格や特徴で分けると、寺院に付属する寺院墓地、都道府県や市町村が管理運営する公営墓地、財団法人や宗教法人などが運営する民営墓地があります。

寺院墓地

寺院墓地の良い点は、法要の際に寺の施設を利用できること、菩提寺と住職を得るときのように所有権を購入するのではなく、墓地の「永代使用権」(墓地使用料)であり、購入後の管理料の支払いが必要です。「永代使用権」には期限がないので、代々子孫が受け継いでいくこと(承継)ができます。法律でもその墓を守る者に対して「墓地使用権」の相続が認められています。

墓地の購入＝永代使用権の取得

墓地の購入は、土地・住宅を購入するときのように所有権を得るのではなく、墓地の「永代使用権」を手に入れることで埋葬・埋蔵していることになります。したがって購入時に支払う代金は永代使用料(墓地使用料)であり、購入後の管理料の支払いが必要です。

たとえ自分の土地であっても、墓地以外の場所に埋葬・埋蔵してはいけないことになっています。

しかし、最近では墓地のスペースが不足し、同じ宗派・宗旨の人でもなかなか入れないのが実情であり、寺によっては納骨堂をつくって対応しているところもあります。

公営墓地

公営墓地の利点は、各都道府県や市町村の自治体が管理しているため料金が安く、宗派・宗旨に関係なく申し込めることです。

しかし、申し込みに際しての安心感があること、管理が良いことなどが挙げられますが、同時に入檀料、永代使用料、管理料、またはお布施、寄付などが求められます。

しては、原則としてその自治体に現住所があること、墓の承継者がいることなど、さまざまな資格条件が必要になります。

民営墓地

民営墓地の多くは公園風に造られており、景観を考慮した設計になっています。

最大の利点は、民営墓地は公営のような地域的制限や資格条件がなく、宗派・宗旨を問わず、誰でも申し込めるということです。

墓地もいろいろな種類があります。よく考えて納得できる場所を選びたいものです

●墓地の基礎知識

霊園墓地の選び方

公営や民営の霊園墓地を選ぶ際のポイントは、次の通りです。

① 立地条件
② 事業団体の経営状態
③ 墓地の管理状態
④ 永代使用権の範囲

公営の場合は、各自治体に問い合わせて、新しく募集する期日や場所、申し込み方法など詳しい情報を入手します。

民営の場合は、墓石専門の石材店、広告、パンフレット類などで検討することができます。

情報を集めたら、次に自分の目や足で確かめてみることが大切です。墓地までどれくらい時間がかかるのか、交通の便はどうか、墓地が山の傾斜に造成されている場合では水害や土砂崩れの心配がないかどうか、日当たりや風通しのよい場所かどうか……それらは現地に行って調べてみるのが賢明です。また、駐車場や休憩室の有無と広さ、トイレ、管理事務所など諸施設の有無もチェックしておきましょう。

墓地使用規定に注意

霊園墓地を購入する最終段階で確認しておきたいのが、墓地使用規定です。内容としては使用の資格、墓地使用の制約、管理料、墓石の建立、墓地内の設備、使用権の譲渡、墓地使用の取り消し、建物の使用などについて規定されています。

このうち管理料は永代使用料とは別に支払うことが義務付けられ、使用権を有している限り支払います。

使用権の譲渡について

は、第三者に譲渡することを認めない墓地があり、違反すると使用権が取り消されます。将来、身内以外の人に使用権を譲渡することもあり得る場合は、よく確かめておきましょう。

永代供養とは

墓の管理や供養をする人がいない場合に、寺院に永代にわたる供養を依頼するのが「永代供養」です。一定期間、たとえば三十三回忌や五十回忌などまで、寺院が管理や費用を引き受けるというものです。

依頼する際には、ある程度まとまったお布施（永代供養料）を納めます。お布施には「誰が・誰の・いつまでの供養のために・いくら納めたのか」を明記したものを添えます。永代供養料は「1回の法要のお布施×年間の法要回数×永代年数」を基準に考えます。

御布施
○○○○

第3章　葬儀を終えたら

各宗仏壇仏具・盆提灯専門店・塗替修復

田中佛具店

大田市大田町大田ハ83-1　石見大田郵便局隣〈駐車場完備〉
☎0854-82-1359　FAX 0854-83-7000

73

第3章 葬儀を終えたら

お墓の基礎知識

墓石のデザインは主に3タイプ

墓石の種類には、和型、洋型、デザイン型の3タイプがあります。

和型は、家名などを彫り込む竿石（さおいし）が縦に長く背が低いものが一般的です。洋型は竿石が横に長く背の低いものが一般的です。デザイン型は、建立者の好みに合わせて自由な形で造ることが可能です。墓石に適した石材は、吸水性が低くて硬度が高い、耐久性に優れたものとされます。

石材はなるべく実物を見て選ぶ

材質によって雰囲気や価格が異なるのが墓石です。墓石に適した石材は、吸水性が低くて硬度が高い、耐久性に優れたものとされます。

墓石を選ぶ際は、石材店のカタログやホームページ上のサンプルなどが参考になります。ですが、購入する前にはできるだけ墓地へ足を運び、デザイン型の墓石を検討している場合は、石材店の担当者にそのイメージを伝えると同時に、施工が可能かどうかも確認してください。

また、墓地によっては、墓石のスタイルやサイズが制限されることもあります。事前に管理する霊園などに問い合わせるようにしましょう。

さまざまな墓石を比較してみるようにしましょう。年月の経過した墓石の状態などを確認することは、仕上がりをイメージするのに役立つはずです。

お墓を建てる時期 開眼供養と祭り方

お墓を建てる時期に特別な決まりはありませんが、一般的には四十九日、一周忌、三回忌、新盆（にいぼん）、彼岸などの法要のときがよいとされます。

新しくお墓を建てたときは、埋葬の際に僧侶を招いて「開眼供養」を行います。これはお墓に魂を迎え入れるための儀式で、御霊入れ、入魂式ともいい、デザイン型の墓石を検討している場合は、石材店の担当者にそのイメージを伝えると同時に、施工が可能かどうかも確認してください。

あんしん・正直
まごころでご奉仕

お墓のこと!!
仏壇・仏具

(有)リョウワ

お墓・お仏壇の無料事前相談をご利用ください。

リョウワ お問い合わせ▶
総合展示場（JR南大東駅前）
☎0854-43-5322
本社 ☎0854-42-5134

地域に密着。

1棟貸切の邸宅葬
さくら
貸切の邸宅型葬祭式場

式場見学・無料事前相談をご利用ください。

さくら お問い合わせ▶
☎0854-47-7823
☎0854-42-5134
雲南市大東町上佐世（JR南大東駅前）

74

第3章　葬儀を終えたら

われます。具体的には、墓前にお供えをしてもらい、読経してもらい、焼香します。

お墓の費用

お墓を求める際に必要な費用は、大きく分けて、次のものが挙げられます。

① 墓地使用料
② 年間管理料
③ 石材の費用
④ お布施

墓地使用料は、墓地の経営団体に支払うもので、墓地によって金額が異なります。年間管理料は、墓地の管理者に支払うものです。管理、運営の仕方は経営団体によって異なりますが、一般的には年間の料金が設定されています。

石材の費用とは、墓石・石碑と周りの外柵を造るためにかかる費用で、石材の種類、お墓のデザイン、墓地の広さによって異なります。

お布施は、寺院墓地に入るときに必要です。お寺の檀家となり、その墓地を分けていただくためです。入檀料ともいわれています。

お墓をどうするかについては、家族や親族とよく話し合うことも大切です

お墓を継ぐ人がいない場合の永代供養墓

家族のあり方が大きく変わり、個人の生き方も多様化している現在では、お墓のあり方も当然変わってきています。

シングルや子のいない夫婦でお墓を継ぐ人がいない場合、何らかの理由で継いでもらえない場合があります。お墓の承継者がいないと、自分の墓が欲しいと思って建てても、いずれは無縁墓になりますし、霊園では跡継ぎがいないと墓地を売ってくれないこともあります。

このように承継者がいない人のためにできたのが「永代供養墓」です。形態には、単独墓、集合墓、合葬墓があります。単独墓は従来のお墓と同じよ うに個々にお墓を建てたもの、集合墓は大きな慰霊碑に個々の墓碑を集合させているもの（古墳型が多いようです）、合葬墓は遺骨を個別に分けずに大きな慰霊碑の中に一緒に納める形式のもので単独墓と集合墓は、30〜50年など供養の期間が決まっているところが多く、期間が過ぎると合祀されます。

それぞれに形態の違いはありますが、宗派を問わず、春秋の彼岸とお盆に法要を行ってくれます。

神式・キリスト教式の場合のお墓

神社では墓地を持たないのが一般的なので、公営や民営の霊園墓地を利用します。墓の基本構成は仏式の一般的な形とほとんど同じなので、宗教を問わず受け入れている墓地を、よく相談した上で決めましょう。

キリスト教のプロテスタントの場合は、日本キリスト教団が各地域に墓地を持っています。また、教会独自に墓地を所有しているところもあり、会員であれば通常そこを利用できます。カトリックの大きな教会では、礼拝堂地下に納骨堂を備えているところもあります。キリスト教式の墓は、特に構成上の決まりはありませんが、十字架を何らかの形で取り入れていることが特徴です。

第3章
葬儀を
終えたら

葬儀後の法要、儀式

法要は死者の霊を慰める

法要は法事ともいい、故人があの世で良い報いを受けられるようにと願いを込めて、供養するための儀式です。仏式では審判で死者の運命が決まるとされる重要な日です。葬儀後、初七日の儀式をはじめとして、7日ごとの追善供養、一周忌以降の年回忌法要などの儀式を執り行います。

初七日から一周忌までに行う法要

死亡した日から7日目が初七日です。最近は、初七日法要は葬儀のあとの遺骨迎えと併せて行うことが多くなっています。

法要は必ずしも49日目でなくてもよく、出席者の都合などを考慮し、それ以前の土曜か日曜に行われることが多いようです。

四十九日の法要は、一周忌までの法要の中で、最も重要な忌明けの法要であり、死者の成仏を願い、遺族、近親者、友人・知人を招いて行います。

それ以降の四十九日までの法要と百か日の法要は、僧侶の読経も省いて内輪だけで済ませるのが一般的です。

四十九日は「満中陰」といい、冥土ではこの日の日を「月忌」と呼びます。年回忌法要は祥月命日に行う法要です。

年回忌法要は三十三回忌まで

死亡した同月同日の命日を「祥月命日」といい、これを「弔い上げ」と呼び毎月の死亡した日と同じ日を「月忌」と呼びます。

死亡した翌年に行うのが一周忌、その1年後が三回忌で、以降は亡くなった年を含めて数え、七回忌、十三回忌、十七回忌と続きます。

一周忌は、故人亡きあい法要を営むときは、全の準備が必要です。できれば会場や招待する人数、会食の料理、引き出物などを考え、2カ月以上前から準備を始めましょう。

法要を営む際の準備

法要では僧侶に読経してもらい、式の終了後には会食の席(お斎)を設け、僧侶と招待客をもてなします。四十九日や一周忌、三回忌など、規模の大きい法要を営むときは、万との遺族の様子を知ってもらう意味もあります。

一般に、三回忌から七回忌以降は、次第に招く人を絞り、内輪で営むようになります。

年回忌法要は三十三回忌まで

宗派にもよりますが、三十三回忌までで切り上げることがほとんどで、三回忌までは正式な喪服を着用します。それ以降は地味な平服で構いません。案内状には「平服でお越しください」などと、一言ふれておきましょう。

当日の進行は僧侶の指示に従います。読経の途中で僧侶から焼香の合図があるので、施主側の代表者から、故人と血縁の深い順に焼香します。墓参りを済ませ、法要後の会食の席に移ります。会食の前には施主、または遺族代表がお礼のあいさつをします。

進行は僧侶の指示に従う

施主(喪主)・遺族側はその後は先祖代々の法要としてまとめて営みます。

第3章 葬儀を終えたら

●葬儀後の法要、儀式

神式の追悼儀礼

仏式の法要に当たる「霊祭」

神式の「霊祭」には、まず毎日行う「日供の儀」があります。葬儀の翌日に、墓前や自宅で葬儀が無事に済んだことを奉告する「翌日祭」があります。次に、帰幽から十日ごとに行う「毎十日祭」があります。

五十日祭は最後の十日祭でもあり、忌明けとなる重要な霊祭です。その後、四十九日の法要のように、神職を招き、近親者や友人・知人を招いて執り行います。

その後、「清祓の儀」を行い、神棚に張ってあった白紙を取り去り、平素の家の祭りを再開します。また、祭後、仮霊舎に祭って祭後、一般的には五十日祭後、仮霊舎に祭っていた個人の霊璽を祖先の霊を祭る祖霊舎に遷す「合祀祭」を行います。最近は五十日祭、清祓の儀、合祀祭を併せて行うことも多いようです。

五十日祭の後には、忌明けのあいさつ状とともに、葬儀の際の玉串料のお返しを送ります。その後は100日目の百日祭があります。

祥月命日に行う「式年祭」

百日祭以降は1年目の祥月命日に一年祭を行います。その後、三年祭、五年祭、十年祭と行い、十年祭後は10年ごとに五十年祭まで行い、次は百年祭などとなります。

祭式には神職を招いて

霊祭は墓前や自宅、斎場などに近親者、友人、知人などを招き、神職を招いて行います。祭式の後は神職、参列者による「直会」と呼ばれる酒席が設けられます。

キリスト教式の追悼儀礼

カトリックでは「追悼ミサ」

カトリックでは、死亡した日から3日目、7日目、30日目などに、教会で「追悼ミサ」を行います。追悼ミサには遺族、近親者、友人・知人が参列します。ミサの後には教会の一室や自宅などで、茶話会などを開いて故人をしのびます。なお、11月は「死者の月」とされ、死者のためのミサや墓参りをします。11月2日は死者の記念日の「万霊節」で、死者のための特別なミサが行われます。

プロテスタントでは「記念祭」

プロテスタントでは、死後1カ月目の昇天記念日(亡くなった日)に「記念祭」を行います。場所は教会、墓前、自宅など で、牧師をはじめ、近親者や友人・知人を招いて行われます。

法要の準備と主な手順

① 日程
年忌法要は祥月命日に行うのがしきたりだが、現在は休日に行うのが一般的。その場合は、必ず命日よりも前に行うのが習わし。日時を決めたら、菩提寺にまず連絡すること。

② 場所
寺院、自宅、斎場など、どこで行うかを決める。法要後に墓参りをする場合は、墓地の近くであることも重要なポイント。

③ 招く人を決める
招く人の範囲と人数を決める。遅くとも1カ月前までに日時と場所を明記した案内状を送る。ごく身内だけのときは、電話連絡でも構わない。

④ 引き出物の手配
内容はお茶や海苔、お菓子などが適切。

⑤ 寺院への謝礼
奉書紙に包むか白封筒に入れ、表書きは「御布施」「御礼」とし、法要の前にあいさつをするときに渡す。
僧侶に自宅や霊園まで出向いてもらう場合は、送迎するしないにかかわらず「御車代」を包む。また、お斎に供応しない場合は「御膳料」を包む。

お斎について

法要後の会食のことを「お斎」といいます。故人のために時間を割いてくれた僧侶や参列者に対して、感謝の気持ちを込めてもてなします。自宅や斎場で行う場合は仕出し料理などをとります。法要の会場とは別にホテルやレストランで行っても構いません。会食の席次は、僧侶に最上席に座っていただくこと以外は、葬儀に準じればよいでしょう。施主側は末席に座って、僧侶や参列者に気を配ります。

第3章 葬儀を終えたら

お墓参りの時期と作法

お盆やお彼岸 故人の命日などに

墓参りの時期に決まりはありません。仏式の場合、春と秋のお彼岸、お盆、故人の祥月命日、年回忌法要、年末などに行います。月忌にも墓参りをすることがあります。

とはいえ、この時期に限らず、故人や先祖に何か報告したいことがあるときなど、機会あるごとにお参りしたいものです。

お参りの前には 墓の掃除を

寺院墓地の場合は、まず住職にあいさつをし、本堂に参堂してから墓参りをします。

墓地では最初に掃除を行います。手おけ、ひしゃく、ほうきなどは、たいてい寺院や霊園の管理事務所で借りられますが、それ以外の掃除用具、手おけには新しい水をくんでおきます。お参りは故人との縁の深い順に行います。まず墓石の水受けに水をひしゃくで入れます。

内を丁寧に掃除し、古い卒塔婆は所定の場所で燃やすか、管理事務所などに処分を依頼します。

花や供物 線香を供えて

墓がきれいになったら、花や供物、線香を供えます。供物は故人が好んだお菓子や果物を供えます。

線香は束のまま線香立てに供えますが、墓参りの人数に分けて、それぞれが線香を供えてお参りする方法もあります。

水を入れたら数珠を手に合掌し、できればお経を唱えます。立ったままではなく、腰を低くするか、しゃがんで拝みます。

なお、果物やお菓子などを供えるときは、後で犬や猫、鳥などに食べ散らかされたり、腐敗して墓を汚したりすることのないように、お参りが済んだら持ち帰りましょう。

神式の墓参り

神式では命日のほか、お盆やお彼岸に墓参りをします。供え物は洗米、神酒、塩、水のほか、故人の好物など。線香は供えず、榊を供えます。墓前での拝礼は、二拝・二拍手・一拝の拝礼をします。五十日祭後のかしわ手は音を立てます。

キリスト教式の墓参り

カトリックでは、故人の命日のほか、11月2日の「万霊節」に墓参りをします。プロテスタントでは決まりはありません。

お盆とは「盂蘭盆会」のこと

お盆のことを正式には「盂蘭盆会（うらぼんえ）」といいます。サンスクリット語のウランバーナに由来するとされ、ウランバーナには「逆さ吊りの苦痛」という意味があります。盂蘭盆会は「逆さ吊りの苦痛から救われる法会」

墓地内に祖先の墓が並ぶ場合は、古い祖先の墓から拝んでいきます。

供物は持ち帰る

第3章 葬儀を終えたら

●お墓参りの時期と作法

ということです。

お盆には先祖の霊が帰ってくるといわれています。お盆の時期は、7月13日を「お盆の入り」とし、16日の「お盆明け」までの4日間を指します。旧暦の7月、または1カ月遅れで8月にお盆の行事を行うのが一般的です。

精霊棚・迎え火で先祖を迎えることも

お盆を迎えるに当たっては、仏壇をきれいにし、お盆の入りの前日には精霊棚(盆棚)を設けます。仏壇の前に小机や台を置き、真菰や簀子を敷いて、簡単な精霊棚とすることがほとんどです。精霊棚には位牌や三具足を置き、季節の果物や野菜を供えます。

13日の夕方には先祖の霊が迷わないように、庭先や玄関に苧殻(麻の茎)で迎え火をたきます。墓地に近い場合は、墓参りをして盆灯籠に火をつけて迎えます。16日の夕方には迎え火と同じ場所で送り火をたいて霊を送ります。

お飾りや供え物はお盆の後、川に流す習わしもあり、菩提寺に持っていくことが多いようです。なお、浄土真宗では盆棚の習慣はありません。

新盆の迎え方

人が亡くなって初めて迎えるお盆を、新盆(初盆)といいます。新盆は故人の霊が初めて帰ってくるときなので、近親者や友人が集まって、丁寧に供養しましょう。僧侶に読経してもらい、墓参りをします。卒塔婆供養の時期は、あの世とこの世が交流できる時期とし て、忘れずに行いましょう。また、霊が迷わないように、軒先か仏壇のそばに提灯を飾り、夜には明かりを入れます。新盆には近親者が白い提灯を贈る習慣もあります。

なお、忌明け(四十九日)前にお盆を迎える場合は、翌年を新盆とします。

春分の日・秋分の日前後がお彼岸

3月の春分の日と、9月の秋分の日を中日として、その前後3日ずつを合わせた7日間が「彼岸会」の時期になります。初日を「彼岸の入り」、終日を「彼岸の明け」といいます。

また、極楽浄土は西方にあるといわれますが、太陽が真西に沈むお彼岸は、祖先の霊を供養する仏事が行われるようになりました。

お彼岸には特に決められた行事はありませんが、この期間、各寺院で彼岸法要が営まれます。各家庭では、おだんごやぼた餅、おはぎなどを作って仏壇に供え、先祖を供養し、墓参りを行います。

墓参りの作法

① きれいに掃除をしたら、花やお菓子などの供物を供え、線香に火をつけて線香立てに立てます。1人ずつ、ひしゃくの水を墓石にかけます。

② 水をかけたら、しゃがむか、腰を低くして拝みます。

第3章
葬儀を
終えたら

ペット葬について

ペットをめぐる状況

かわいがってきたペットが亡くなったとき、最後の愛情として手厚く葬ってあげたいと思うのは、当然の気持ちです。

近年では、ペットの葬儀を行ったり、ペットのお墓を持ったりする人が増えてきました。ペットを家族同様に考える人が増えていますから、時代の当然の流れでしょう。

ですから、今ではペット専門の葬儀社や霊園、ペットのために読経してくれるお寺をはじめ、ペット用の仏壇や散骨、遺骨加工のサービスもあります。また、ペットを亡くした悲嘆（ペットロ

ス）をケアする会（日本ペットロス協会など）もあります。

このように、ペットを人間と同じように扱う状況が整ってきていますが、法的にはペットと人間は違います。ちなみに仏教では、人間も動物も六道輪廻する生き物としては同じで、宗派によってはペットの火葬施設を持っているところもあります。ペットを動物も浄土に行けるという教えがあります。

ペットが亡くなったときは

ペットが亡くなった場合、犬は市町村の自治体への届け出が義務付けられていますが、犬以外のペットについては届け出の義務はありません。届け出の事項は、飼い主の住所、氏名、犬の死亡年月日、登録番号です。

ペットの亡きがらについては、飼い主が責任をもって処理します。自治体によっては、ペットの火葬施設を持っていると、ペットの火葬施設がない自治体にお住まいの場合は、環境衛生部門に問い合わせてみてください。ペットの火葬施設がない自治体にお住まいの場合は、ペットの火葬や葬儀をやってくれる民間の施設を利用することをお勧めします。

自治体以外での ペット火葬の 依頼先

ペットの火葬は、ペット霊園やペット葬儀社なて、自宅まで引き取りに来間、場所の自由度が高く、最近は利用が増えています。

ペット霊園

ほとんどに火葬炉が設置されており、葬儀から火葬、納骨まで一貫して行うことができます。

ペット葬儀社

ペットのお葬式に特化した葬儀社で、人間と同じように葬儀を行い、さらに提携しているペット墓地や納骨堂を紹介してもらえます。

移動火葬車（訪問火葬）

自宅まで引き取りに来て、自宅もしくは近くで火葬してもらえます。時間、場所の自由度が高く、最近は利用が増えています。

ペットの 火葬の種類について

ペットの火葬にはその方法によって次のように分類することができます。どのケースにおいてもペットの大きさによって値段が決まってくるようです。実際の料金およびサービスについては、各ペット葬儀社・霊園に直接電話して確かめてください。

80

● ペット葬について

第3章 葬儀を終えたら

合同葬

他のペットと一緒に火葬されます。お骨を拾うことや火葬に立ち会うことはできません。他のペットと交ざりますから、当然遺骨を持ち帰ることはできません。

火葬料金については、ペットの大きさや体重によって変わりますので、直接電話などで確認してください。

個別葬

火葬場にペットを持ち込んで個別に火葬してもらう場合は、収骨することができます。自宅に持ち帰ったり、その場で納骨したりもできます。ペット料金は合同葬と同様にペットの大きさによって変わってきますが、合同葬に比べると割高になります。

立ち会い葬

人間の火葬と同じように火葬場に行き、火葬したペットの遺骨を拾い骨壺などに入れて持ち帰れます。個別葬より割高になるようです。

ペット霊園を選ぶ

ペット霊園には、寺院等が運営しているもの、独自の事業主体が運営するものなどがあります。これらのペット霊園を利用するに当たっては、施設の状況やどのようなサービスを実施してもらえるかを確認しておく必要があります。ペット霊園が行っているサービスには下記のようなものがあります。

- 火葬場を持っていて火葬する。（合同葬・個別葬・立ち会い葬など）
- 人間と同じように専用の墓地があり、そこのお墓に納骨する。
- 納骨棚・納骨堂などの施設があり、遺骨を預かってもらえる。
- 共同の供養塔などに遺骨を納骨する。
- ペット専門でなく、ペットと一緒に入れる区画のある霊園もある。

大切なペットとのお別れをお手伝い

ペット火葬専用車両導入 ～ご自宅まで伺います～

お引き取り	個別火葬	個別火葬
ご返骨無し	ご返骨あり	お骨上げ・ご返骨あり

12,000円（税込）～ （お引き取り・ご返骨なし）

ペット火葬専用車両

お気軽にご連絡ください

足立石材株式会社
本　社／松江市上乃木2-28-5 ☎(0852)32-5280
八雲工場／松江市八雲町平原641 ☎(0852)54-1850

0120-54-1483

足立石材（いしやさん） 検索

第3章　葬儀を終えたら なんでも Q & A

Q 喪中でもお歳暮やお中元を贈っても構いませんか?

A 歳暮や中元などの贈答は、四十九日の忌明けまでは控えるのが習わしですが、それ以降は平常と変わらず贈るようになりました。忌明け以降に贈る際の表書きは、歳暮なら「寒中（余寒）お見舞い」、中元なら「暑中（残暑）お見舞い」とします。

Q 年忌の年に法要ができそうにありません…

A 施主の仕事の都合や病気、また近年では感染症対策により、人の移動や密集を避けなければならないような状況になった場合など、年忌法要が営めないこともあります。延期も含め、まずは僧侶とも相談をして決めることをお勧めします。

　また、法要は形式にとらわれずとも、僧侶に読経をお願いし、仏壇や遺影の前で祈るだけでも十分な供養になります。とはいえ、通常と異なる形にて行う場合は、近親者にその旨を伝え、了承を得るようにしましょう。

Q 日常の供養には、どのようなことをすればよいのでしょうか?

A 仏式では、葬儀後の初七日や四十九日、年忌法要などの追善供養がありますが、それ以上に日々の暮らしの中で、本尊や先祖に心を込めてお参りすることが大切です。朝夕、少しの時間でも繰り返し供養を行うことで、供養する者の心も豊かになってきます。

　朝はまず仏壇の内部を整えます。香炉の中はきれいか、花は枯れていないか、茶湯器などが汚れていないかを確認しましょう。そして、炊きたてのご飯、お茶や水（浄土真宗以外）、花を供えます。燭台に火をともして線香を上げ、勤行を始めます。

Q お墓の掃除に手順はありますか?

A 基本的な墓石の掃除方法や注意点は次の通りです。①墓石にひしゃくで水をかけ、毛先の長いブラシやスポンジで汚れを落とす　②汚れが落ちたら水洗いし、タオルで水気を拭き清める　③水鉢をすすいで、きれいな水を満たす　④墓地内の落ち葉や雑草、ゴミを取り除き、掃き清める　⑤古い卒塔婆は管理事務所に頼んで処理してもらう

　墓石は水洗いで十分です。洗剤を使用するとその成分で墓石がひび割れることもあるので注意しましょう。何よりもお墓をきれいに保つには、季節ごとにお参りすることが一番です。

第4章 届け出と手続き

- 死後すぐに行う法的な手続き
- 葬儀と各種手続きの流れ
- 葬儀後の手続き一覧
- 世帯主が亡くなったら
- 健康保険証などの返却
- 国民健康保険、後期高齢者医療保険の手続き（葬祭費の申請）
- 健康保険の手続き（埋葬料の申請）
- 国民年金・厚生年金の手続き
- 国民年金加入者の場合（国民年金第1号被保険者）
- 厚生年金に加入の場合（国民年金第2号被保険者）
- 高額療養費の払い戻し申請
- 所得税の確定申告
- 医療費の控除
- 生命保険の手続き
- 事業引き継ぎの手続き
- 法的な諸手続きに必要な書類
- 遺言の手続き
- 遺産相続の手続きとポイント
- 特別寄与料と遺留分の権利
- 配偶者による居住権の取得
- 相続税がかかる財産
- 金融機関での相続手続き
- 不動産の相続手続き
- 株式など有価証券の相続手続き
- 自動車・ゴルフ会員権などの相続手続き
- 相続税の申告と納付
- 届け出と手続き なんでもQ&A

第4章 届け出と手続き

死後すぐに行う法的な手続き

死亡届は死後7日以内に提出すること

死亡届の提出は法律上義務付けられているので、死亡した日（死亡を知った日）から7日以内に役所へ届け出なければいけません。この書類を提出しないと、火葬に必要な「死体火葬許可証」が交付されず、葬儀が行えないので実際には死亡当日か翌日には提出することになります。その際には「死亡診断書」か「死体検案書」も必ず添えて提出してください。

通常、死亡届と死亡診断書は1枚の用紙になっており、役所や大きな病院に備え付けられています。臨終に立ち会った医師に書いてもらいましょう。

届け出人は、
① 故人と同居の親族
② 同居していない親族
③ 同居者
④ 家主・地主

などです。葬儀社に代行を依頼して提出することも可能です。この場合、届け出人は印鑑が必要となります。代行者は印鑑が不要です。

死亡届は代理人の提出も可能

急を要する死亡届は、365日・24時間いつでも受け付けてもらえます。

死亡届の提出先は、「死亡した場所」「故人の本籍地」「届け出人の住所地」のいずれの役所でも構いません。

届け出人は、書式や名称は異なるようです。

ちなみに松江市では、市内の斎場を利用する場合は「斎場使用許可申請書」と「死体埋火葬許可申請書」を火葬料と一緒に提出します。

埋火葬許可証は、火葬後に証明を受けて「埋葬許可証」になります。このように、死後に必要な書類は一つの流れになっています。

火葬の申請は死亡届と同時に行う

遺体を火葬するには、埋火葬許可証が必要です。この許可証は、死亡届と同時に申請することで交付されます。埋火葬許可証は、自治体によってその書式や名称は異なるようです。

診療がなされ、その時の傷病が原因となって後に死亡したときは、検死は不要です。

一方、同じ交通事故も、現場で即死が確認される場合は、医師による検死が必要となります。また、自殺・他殺の場合も同じです。決して遺体を動かしてはいけません。速やかに警察へ連絡してください。検死が終わると「死体検案書」が交付されます。これが自然死と同様の死亡診断書として扱われます。

家の事情で遺体を直接斎場に安置する場合は、斎場で手続きが必要です。認め印を用意してください。

事故死・変死・自殺の場合

交通事故、転落事故、火災などによる事故の場合、いったん医師による

●死後すぐに行う法的な手続き

■死亡届の書き方

1. 死亡診断書もしくは死体検案書に書かれていた日時を記入してください。
2. 病院で亡くなった場合は病院の住所を記入してください。

死亡届の手続き

手続き先	故人の本籍地や死亡地の市役所、町村役場（または届け出人の現住所の市役所、町村役場）
手続きする人	親族、同居者、家主、地主、後見人など
期間	死亡を知った日から7日以内
必要な書類等	死亡診断書または死体検案書、印鑑など
注意点	・死亡届に押印した印鑑を持参する。 ・死亡診断書はコピーを数部とっておく（生命保険などの支払いの際に提出を求められることがある）。 ・国外で亡くなった場合は、死亡の事実を知った日から3カ月以内に死亡届を提出する。

■死体埋火葬許可申請書の書き方（松江市の場合）

死体埋火葬許可申請書の手続き

手続き先	故人の本籍地や死亡地の市役所、町村役場（または届け出人の現住所の市役所、町村役場）
手続きする人	親族、同居者、家主、地主、後見人など
期間	死亡を知った日から7日以内
必要な書類等	死亡届、印鑑

■斎場使用許可申請書の書き方

※松江斎場に提出し、火葬料を支払ってください。

第4章 届け出と手続き

葬儀と各種手続きの流れ

葬儀・法要

危篤・死亡
- 連絡・調整
- 通夜
- 葬儀・告別式

10日ごろ
- 初七日法要

届け出・手続き

速やかに
- 死亡届
- 埋火葬許可申請書

14日以内
- 年金受給停止の手続き
- 世帯主変更の手続き
- 健康保険証の資格喪失の手続き（返却）
- 国民健康保険の葬祭費の申請
- 健康保険の埋葬料の申請
- 県後期高齢者医療広域連合の埋葬費の申請
- 公共料金等の変更・解約の手続き

1カ月以内
- 事業引き継ぎの手続き

所得税、相続税の手続き

人が亡くなると思いのほか多くの手続きが発生します。特に世帯主が亡くなった場合は大変かと思いますが、手続きの中には期限が定められているものもあります。必要な手続きを速やかに済ませることが大切です。

86

●葬儀と各種手続きの流れ

第4章 届け出と手続き

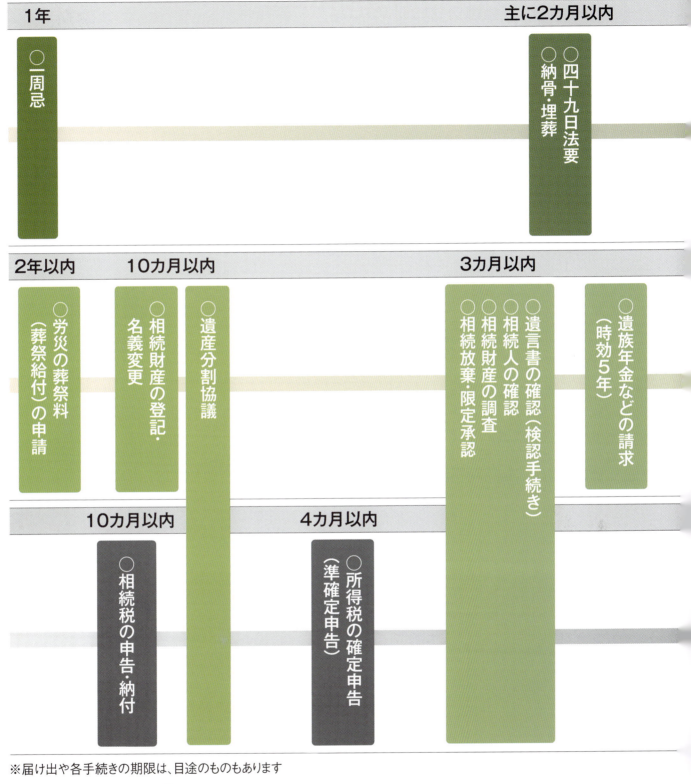

期限	項目
1年	○一周忌
主に2カ月以内	○四十九日法要 / ○納骨・埋葬
2年以内	○労災の葬祭料（葬祭給付）の申請
10カ月以内	○相続財産の登記・名義変更
（10カ月以内）	○遺産分割協議
3カ月以内	○遺言書の確認（検認手続き） / ○相続人の確認 / ○相続財産の調査 / ○相続放棄・限定承認
（時効5年）	○遺族年金などの請求
10カ月以内	○相続税の申告・納付
4カ月以内	○所得税の確定申告（準確定申告）

※届け出や各手続きの期限は、目途のものもあります

第4章
届け出と
手続き

葬儀後の手続き一覧

市町村役場で行う手続き

手続きの種類		期 限	必要なケース	手続き先
国民健康保険の保険証の返却	92ページ	速やかに	故人が国民健康保険の被保険者だった場合	市町村役場
世帯主の変更	90ページ	死後14日以内	故人が世帯主だった場合	市町村役場
介護保険の資格喪失届・介護保険証の返却		死後14日以内	故人が65歳以上および介護保険の保険証の交付を受けていた場合	市町村役場
国民健康保険等の加入手続き	92ページ	死亡した日の翌日から14日以内	遺族が健康保険組合加入者の被扶養者だった場合	市町村役場または家族が勤務する事業所
高額療養費の払い戻し申請	104ページ	治療を受けた翌月1日から2年以内	自己負担限度額を超えた場合	故人の住所地の市町村役場、協会けんぽ、など
高額介護サービス費の払い戻し申請	104ページ	介護サービスを受けた翌月1日から2年以内	自己負担限度額を超えた場合	故人の住所地の市町村役場
国民健康保険の葬祭費の申請	94ページ	葬儀を行った日の翌日から2年以内	故人が国民健康保険の被保険者だった場合	市町村役場
国民年金・厚生年金の遺族年金などの請求	100ページ 102ページ	死後5年以内（遺族年金など）死後2年以内（死亡一時金）	遺族が受給できる条件に一致した場合	市町村役場あるいは年金事務所など

年金事務所・税務署などで行う手続き

手続きの種類		期 限	必要なケース	手続き先
健康保険の被扶養者異動届		死後5日以内	故人が健康保険組合加入者の被扶養者だった場合	健康保険組合または年金事務所
年金受給停止の手続き	98ページ	死後10日または14日以内	故人が年金受給者だった場合	年金事務所または年金相談センター
所得税の準確定申告	106ページ	相続開始を知った日から4カ月以内	故人が自営業者など確定申告が必要な場合	所轄の税務署
健康保険の埋葬料の申請	96ページ	死亡した日の翌日から2年以内	故人が健康保険の被保険者だった場合	全国健康保険協会の各支部または健康保険組合
医療費控除の手続き	108ページ	死後5年以内	その年に払った医療費の総額が10万円以上の場合	所轄の税務署
事業引き継ぎの手続き	110ページ	事業の開業・廃業等の事実があった日から1カ月以内	故人が事業主でその事業を承継、または廃業する場合	所轄の税務署

● 葬儀後の手続き一覧

第4章　届け出と手続き

島根県後期高齢者医療広域連合で行う手続き

手続きの種類		期　限	必要なケース	手続き先
島根県後期高齢者医療広域連合の葬祭費の申請	94ページ	2年以内	後期高齢の被保険者が亡くなった場合	島根県後期高齢者医療広域連合
その他給付		———	高額療養者などの給付	詳細は島根県後期高齢者広域連合のサイトを参照

その他の諸手続き

手続きの種類		期　限	必要なケース	手続き先
ガス・水道・電気の契約者名義変更	90ページ	速やかに	故人が契約者だった場合	所轄の営業所
NHK受信料契約者の名義変更	90ページ	速やかに	故人が契約者だった場合	NHK
住居の賃貸借契約の名義変更		速やかに	故人が契約者だった場合	大家、公社、公団など
電話加入権の名義変更	90ページ	速やかに	故人が契約者だった場合	所轄の営業所
死亡退職届の提出		速やかに	故人が会社勤めの場合	故人の勤務先
クレジットカードやデパートの会員の解約・脱会		速やかに	故人が会員だった場合	各会社
運転免許証の返却		速やかに	故人が免許を持っていた場合	所轄の警察署
パスポートの返却・無効手続き		速やかに	故人が取得していた場合	所轄のパスポート申請窓口
携帯電話・プロバイダーなどの解約手続き		速やかに	故人が契約していた場合	各会社
生命保険金の請求	109ページ	死後3年以内	故人が加入していた場合	各保険会社
労災保険への請求（死亡に対する給付、遺族に対する給付）	97ページ	死亡した日の翌日から2年以内（死亡に対する給付金）、5年以内（遺族に対する給付金）	業務上の事故などが原因で死亡した場合	所轄の労働基準監督署

第4章 届け出と手続き

世帯主が亡くなったら

世帯主の変更届は14日以内に提出

世帯主が死亡したら、住民票上の世帯主の変更手続きが必要となります。

市町村の窓口に「世帯主変更届」を提出します。届け出は死亡した日から14日以内に、新しい世帯主か、家族が行いますが、代理人でも構いません。印鑑や健康保険証などによる身分証明が必要となる場合がありますから、役所に問い合わせ、確認してから手続きに出かけましょう。

ただし、残された家族が一人の場合や、新しい世帯主が明らかな場合は、死亡届の提出により自動的に変更されるので、変更届を出す必要はありません。

公共料金の名義変更

意外と忘れがちなのが公共料金（ガス・水道・電気など）やNHK受信料といった名義変更です。営業窓口へ直接出向く必要はなく、所轄店に電話で名義変更の旨を連絡すれば済みます。

その際、毎月の料金の通知書や領収書などが手元にあれば、所轄店の電話番号や契約者番号が確認でき、手続きもスムーズに行えます。

加入権

電話加入権の名義変更

電話加入権を遺族が引き継ぐ場合は、NTTの公式HPから申し込みますか、局番なしの116番に電話して申込書を送付してもらい、記入事項を埋めて、必要書類とともに返送します。必要な書類は、被相続人（故人）の除籍謄本もしくは戸籍謄本（死亡年月日の記載がない場合は死亡診断書等の写しが必要）、相続人（新しい名義人）の戸籍謄本、相続人全員の印鑑登録証明書などを添え、手続きする必要があります。

ただ、電話加入権は故人の相続財産に含まれますが、ほかの相続財産が、正式な相続が決まるまで名義変更できないのに対し、電話加入権はすぐに手続きすることができます。

自動振替口座の変更

故人名義の銀行預金や郵便貯金は、死亡した時点から相続財産になります。金融機関には、名義人の死亡を知った時点で口座を凍結する義務があります。死亡後、遺族が故人の現金を引き出すためには、故人の戸籍謄本、相続人全員の印鑑登録証明書などを添え、手続きする必要があります。まずは、金融機関に確認してみましょう。

遺産相続が正式に決定するまでは、窓口でもATM（現金自動預払機）でもキャッシュカードが利用できなくなります。また、故人名義の口座への入金や送金もできなくなるので、公共料金等を自動引き落としにしている場合は、そのままでは未払いになってしまいますので注意してください。

● 世帯主が亡くなったら

第4章 届け出と手続き

世帯主変更の届け出が必要なケースと不要なケース

世帯主変更届の手続き

手続き先	故人が住んでいた市役所、町村役場
手続きする人	新しい世帯主または同一世帯の人、代理人
期間	世帯主の変更があった日から14日以内
必要な書類等	国民健康保険証（加入者のみ）、運転免許証やパスポート等の身分証明書、印鑑、委任状（代理人の場合）など

印鑑や健康保険証などの準備も忘れずに

■世帯主変更届（松江市は住民異動届）の書き方

第4章 届け出と手続き

健康保険証などの返却

被保険者が亡くなった場合は健康保険証等を返却

健康保険の被保険者が亡くなると、被保険者としての資格を失うことになります。そのため、死亡した翌日から健康保険証（被保険者証）は使用できなくなります。

まずは期日までに健康保険証を返却し、必要な手続きを行う必要があります。また、健康保険証の手続きと一緒に葬祭費（94ページ）、埋葬料（96ページ）の請求を行うとスムーズです。

亡くなった人が自営業者などの場合

国民健康保険加入者（自営業者など）が亡くなった場合は、故人が住んでいた市町村の役所に、国民健康保険被保険者資格喪失届を提出し、健康保険証を返却しなければいけません。

故人が世帯主で、国民健康保険に加入していた場合は、健康保険証の返却時に被扶養者全員の保険証を持参した上で、世帯主を変更した健康保険証を発行してもらいます。

75歳以上の人が亡くなった場合

75歳以上（65〜74歳で障害のある人を含む）の人が亡くなった場合は、後期高齢者医療資格喪失届を提出し、一緒に健康保険証も返却します。

亡くなった人が会社員だった場合

会社員が在職中に亡くなった場合は、健康保険・厚生年金保険被保険者資格喪失届をはじめ、退職の手続きを行います。

しかし、基本的には会社側でさまざまな退職手続きと一緒に行うケースが大半です。まずは、故人の勤務先に確認するようにしましょう。

健康保険証の返却を会社が代行してくれる場合は、会社に提出することで問題ありません。仮に遺族が直接返却する場合は、所管の年金事務所に健康保険の手続きを行ってください。

加入手続きを怠ると、遺族（被扶養者）が医療機関にかかった際の医療費は全て自己負担となります。国民健康保険は自動的に更新、加入することはありません。手続きが遅れると、健康保険の資格を失った期日までさかのぼり、納付することになります。必ず手続きは

扶養家族は新たな健康保険に加入する

故人が勤務先で加入していた健康保険は、死亡によってその権利を失います。そのため扶養されていた家族（遺族）も、故人の死亡日の翌日から健康保険の被扶養者の資格を失うことになります。

家族の扶養に入る、または国民健康保険に加入するなど、新たに何らかの健康保険の手続きを行っ

葬儀後は速やかに、他の行いましょう。

●健康保険証などの返却

第4章 届け出と手続き

故人の健康保険の書類を確認して返却物を把握しましょう

故人の状況	健康保険の種類	返却物（保険証の種類）
自営業の場合	国民健康保険	国民健康保険被保険者証
会社員・公務員の場合	健康保険（協会けんぽ、組合健保）各種共済組合	各健康保険被保険者証
70～74歳だった場合	国民健康保険	国民健康保険被保険者証　国民健康保険高齢受給者証
75歳以上の場合（65～74歳で障害のある人を含む）	後期高齢者医療制度	後期高齢者医療被保険者証

国民健康保険資格喪失届の手続き

手続き先	故人が住んでいた市役所、町村役場
手続きする人	亡くなった世帯主と同一世帯の人、遺族
期間	14日以内
必要なもの	・国民健康保険被保険者資格喪失届または後期高齢者医療被保険者資格喪失届 ・死亡を証明する戸籍謄本等 ・故人の国民健康保険証（世帯主が亡くなった場合は、被扶養者全員の保険証も必要） （高額療養費がある場合）相続人の印鑑、預金通帳 （該当する場合のみ）限度額適用・標準負担額減額認定証 など
注意点	届け出書は市町村ごとに書式は異なる。必要な書類の詳細は市町村の窓口で確認すること。

健康保険・厚生年金保険被保険者資格喪失届の手続き

手続き先	故人の勤務先などを通して手続きを行うのが通常（自分で手続きを行う場合は所管の年金事務所）
手続きする人	扶養家族
期間	5日以内
必要なもの	・健康保険・厚生年金保険被保険者資格喪失届（※通常、事業主が手続きをする） ・健康保険証（故人および被扶養者分） （該当する場合のみ）高齢受給者証 （該当する場合のみ）健康保険限度額適用・標準負担額減額認定証 など
注意点	健康保険・厚生年金保険被保険者資格喪失届は、事業主（会社など）を通じて提出するので、通常家族が書類の記入をすることはない。

■健康保険資格喪失連絡票（松江市の場合）の書き方

※厚生年金に加入の方は各事業主にご確認ください。

第4章
届け出と
手続き

国民健康保険、後期高齢者医療保険の手続き（葬祭費の申請）

国民健康保険、後期高齢者医療保険の葬祭費の申請

　故人が被保険者として国民健康保険、後期高齢者医療保険に加入していた場合、葬儀後に葬祭を行った人に対し葬祭費が支給されます。支給額は各市町村の条例により幅がありますが、申請方法は大体同じです。ちなみに松江市や出雲市の場合は3万円が支給されます（令和6年度現在）。

　申請の際は、健康保険証などの返却（92ページ）と一緒に手続きを行うとスムーズです。

　葬祭費の支給はあくまで申告制なので、申請し

■国民健康保険葬祭費支給申請書の書き方

様式6号（第17条関係）

国民健康保険葬祭費支給申請書

一金　30,000 円也

上記金額を支給されるよう申請します。

ただし下記内訳のとおり

令和 6 年 7 月 30 日

申請者住所　松江市○○町1-2

氏名　島根 花子　　個人番号 000000000000

電話番号 0852－ 00 － 0000

（あて先）松江市長

振込先	金融機関	○○○○銀行 ○○支店	（フリガナ）口座名義人	シマネ ハナコ 島根 花子
	口座種別	普通・当座・その他（　）	口座番号	0000000

被保険者記号・番号		世帯主氏名		
死亡した被保険者氏名		個人番号		申請者との続柄
死亡年月日	令和 6 年 6 月 30 日	（喪失日 令和　年　月　日）		
葬祭執行年月日	令和 6 年 7 月 2 日	交通事故等の第三者行為	有 ・ 無	
葬祭を行う場所	松江○○○会館			
確認	1．住民異動届による 2． 確認者氏名			

見本

● 国民健康保険、後期高齢者医療保険の手続き（葬祭費の申請）

第4章 届け出と手続き

葬祭費申請の手続き

手続き先	故人が住んでいた市役所、町村役場
手続きする人	喪主など葬儀を行った人
期間	被保険者が死亡した日の翌日から2年以内
必要な書類等	・国民健康保険、後期高齢者医療保険の葬祭費支給申請書 ・故人の国民健康保険証 ・葬儀を行ったことを確認できるもの（領収書、会葬礼状など） ・葬儀を行った人名義の振込用口座番号、印鑑など

なければ支給されません。注意してください。申請期間は葬儀を行った日の翌日から2年以内です。

■島根県後期高齢者医療　葬祭費支給申請書の書き方

見本

様式第39号(第19条関係)

後期高齢者医療
葬祭費支給申請書

受付日　　年　月　日
決定日　　年　月　日

保険者番号　3 9 3 2

被保険者番号　0 0 0 0 0 0 0 0

支給金額　￥30,000

死亡者の氏名	島根 太郎
死亡者の生年月日	昭和12年3月4日
死亡年月日	令和6年6月30日
死亡理由	①：私傷病（疾病・自損事故等）　2：第三者行為（交通事故被害等）
その他	

葬祭執行者	葬祭日	令和 6 年 7 月 2 日
	住　所	松江市○○町1-2
	氏　名	島根 花子
	連絡先	0852-00-0000

該当するものに○をつけてください。該当するものがない場合は（ ）内に記載してください。網掛けの中は記載不要です。

振込先：○○○○　（銀行）信用金庫／信用組合／協同組合（ ）　○○　本店・支店（ ）　預金種別　（普通）当座（ ）

口座番号等
左詰記載してください　0 0 0 0 0 0 0

口座名義人（カタカナ）　シマネ　ハナコ

市町村確認欄

口座名義人はカタカナで上段より左づめで記入してください。濁点・半濁点は1字として、姓と名の間は1字あけてください。

上記のとおりに申請します。
令和6年7月7日
島根県後期高齢者医療広域連合長　様

〒690-0000
申請者　住　所　松江市○○町1-2
　　　　氏　名　島根 花子
　　　　死亡者との続柄　妻
　　　　連絡先　0852-00-0000

第4章

届け出と
手続き

健康保険の手続き（埋葬料の申請）

国民健康保険以外の埋葬料の申請

故人が国民健康保険以外の健康保険（健康保険組合、全国健康保険協会、共済組合など）に加入していた場合は埋葬料が支払われます。支給を受けるのは故人によって生計を維持していた遺族で、埋葬を行った人が受け取ります。支給額は一律5万円です。受け取る家族がいないときには、埋葬にかかった費用の5万円の範囲内で埋葬を行った人に支給されます。

申請先は、故人の勤務先が加入している健康保険組合か、勤務先を管轄する全国健康保険協会

■ 健康保険埋葬料（費）請求書の書き方

加入者がお亡くなりになり、埋葬料（費）を受ける場合にご使用ください。なお、記入方法および添付書類等については「記入の手引き」をご確認ください。

健康保険　被保険者　家族　埋葬料（費）支給申請書　　1　2　ページ　（埋）　被保険者記入用

① 被保険者証
記号（左づめ）: 0 0 0 0 0 0 0 0　番号（左づめ）: 0 0　生年月日: 1.昭和 2.平成 3.令和 → 2　23 年 04 月 05 日

② 被保険者（申請者）情報

氏名（カタカナ）: シマネ ハナコ
姓と名の間は1マス空けてご記入ください。濁点（゛）、半濁点（゜）は1字としてご記入ください。

氏名: 島根 花子

申請者について
①被保険者がおなくなりになった場合
⇒被保険者により生計維持されていた方／埋葬を行った方
②被扶養者がおなくなりになった場合
⇒被保険者

郵便番号（ハイフン除く）: 6900000　電話番号（左づめハイフン除く）: 0852000000

住所: 島根 都道府県 松江市○○町1-2

③ 振込先指定口座
振込先指定口座は、上記申請者氏名と同じ名義の口座をご指定ください。

金融機関名称: ○○○○　（銀行）金庫 信組 農協 漁協 その他（　）　支店名: ○○○○　本店（支店）代理店 出張所 本店営業部 本所 支店

預金種別: 1 普通預金　口座番号（左づめ）: 1234567

ゆうちょ銀行の口座へお振り込みを希望される場合は、支店名は3桁の漢数字で、口座番号は振込専用の口座番号（7桁）をご記入ください。
ゆうちょ銀行口座番号（記号・番号）ではお振込できません。

「被保険者・事業主記入用」は2ページ目に続きます。》》》

被保険者証の記号番号が不明の場合は、被保険者のマイナンバーをご記入ください。
（記入した場合は、本人確認書類等の添付が必要となります。）▶

社会保険労務士の提出代行者名記入欄

―― 以下は、協会使用欄のため、記入しないでください。 ――

MN確認（被保険者）: □　1.記入有（添付あり）2.記入有（添付なし）3.記入無（添付あり）

添付書類:
死亡証明書: 1.添付 2.不備　生計維持確認書類: 1.添付 2.不備
領収書内訳書: 1.添付 2.不備　埋葬費用: □□□□□□ 円
戸籍（法定代理）: 1.添付　口座証明: 1.添付

その他: □ 1.その他（理由）

受付日付印

校数: □□

6 3 1 1 1 1 0 1

全国健康保険協会　協会けんぽ

1 / 2　(2022.12)

見本

① 記号・番号は、保険証に記載されています。

② 被保険者が亡くなって申請する場合は、申請される方の氏名を記入してください（住所・振込口座も同様です）。
※生年月日欄は「被保険者」の生年月日を記入してください。

③ ゆうちょ銀行の口座を希望される場合は、従来の口座番号（記号・番号（13桁））ではなく、振り込み専用の店名（漢数字3文字）・預金種目・口座番号を記入してください。

96

● 健康保険の手続き（埋葬料の申請）

業務上の死亡の場合

（協会けんぽ）の各支部です。手続きを勤務先が代行してくれる場合もありますので、勤務先に確認しましょう。

業務上の事故や通勤途中の事故が原因で死亡した場合は、労働者災害補償保険（労災保険）から、葬祭料または葬祭給付、遺族補償給付または遺族給付が支給されます。請求先は勤務先を所轄する労働基準監督署で、請求期限は亡くなった日の翌日から2年以内（葬祭料または葬祭給付）と、死亡した日の翌日から5年以内（遺族〈補償〉等年金または一時金）です。この場合は、故人が健康保険に加入していても、健康保険から埋葬料は支給されません。

健康保険 被保険者 家族 **埋葬料（費）支給申請書** 被保険者・事業主記入用

見本

被保険者氏名 **島根 太郎**

①-1 死亡者区分 [2] 1. 被保険者 ➡ ①-2では「1. 埋葬料」もしくは「2. 埋葬費」をご選択ください。
2. 家族（被扶養者） ➡ ①-2では「3. 家族埋葬料」をご選択ください。

①-2 申請区分 [1] 1. 埋葬料（被保険者の死亡かつ、生計維持関係者による申請）
2. 埋葬費（被保険者の死亡かつ、生計維持関係者以外による申請）
3. 家族埋葬料（家族〈被扶養者〉の死亡かつ、被保険者による申請）

②-1 死亡した方の氏名（カタカナ） シマネ タロウ
姓と名の間は1マス空けてご記入ください。濁点（゛）、半濁点（゜）は1字としてご記入ください。

②-2 死亡した方の生年月日 [1] 1.昭和 2.平成 3.令和 [12] 年 [03] 月 [04] 日

②-3 死亡年月日 令和 [06] 年 [06] 月 [30] 日

②-4 続柄（身分関係） ➡ 「被保険者が死亡」した場合は、被保険者と申請者の身分関係をご記入ください。「家族が死亡」した場合は、被保険者との続柄をご記入ください。

③-1 死亡の原因 [ ] 1. 仕事中以外（業務外）での傷病
2. 仕事中（業務上）での傷病
3. 通勤途中での傷病 } ③-2へ

③-2 労働災害、通勤災害の認定を受けていますか。 [ ] 1. はい 2. 請求中 3. 未請求

④ 傷病の原因は第三者の行為（交通事故やケンカ等）によるものですか。 [2] 1. はい 2. いいえ　「1. はい」の場合、別途「第三者行為による傷病届」をご提出ください。

⑤ 同一の死亡について、健康保険組合や国民健康保険等から埋葬料（費）を受給していますか。 [ ] 1. 受給した 2. 受給していない

「①-2申請区分」が「2. 埋葬費」の場合のみご記入ください。
※埋葬費の場合は、別途埋葬に要した費用の領収書と明細書を添付してください。

⑥-1 埋葬した年月日 令和 [ ] 年 [ ] 月 [ ] 日

⑥-2 埋葬に要した費用の額 [ ] 円

⑥ 死亡した方の氏名（カタカナ） シマネ タロウ
姓と名の間は1マス空けてご記入ください。濁点（゛）、半濁点（゜）は1字としてご記入ください。

死亡年月日 令和 [06] 年 [06] 月 [30] 日

事業主証明欄 上記のとおり相違ないことを証明します。
事業所所在地 松江市○○町3-4　令和 [06] 年 [07] 月 [07] 日
事業所名称 ○○○○株式会社
事業主氏名 会社 一郎
電話番号

*健康保険埋葬料（費）支給申請書記入の手引き*をご確認ください。

2 / 2

④⑤ 被保険者により生計維持された方が申請する場合（埋葬料の場合）は、記入の必要はありません。それ以外の方で実際に埋葬を行った方が申請する場合は、必ず記入してください。

⑥ 事業主に証明を受けてください。証明が受けられない場合、死亡したことの分かる書類の添付が必要です。

埋葬料（費）申請の手続き

手続き先	故人の勤務先を管轄する協会けんぽ、もしくは勤務先が加入している健康保険組合
手続きする人	生計を維持されていて埋葬を行った人
期間	埋葬料※1：死亡した日の翌日から2年以内 埋葬費※2：埋葬を行った日の翌日から2年以内
必要な書類等	・健康保険被保険者埋葬料支給申請書　・故人の健康保険証、埋葬を行った領収書 ・故人の死亡が確認できる戸籍謄本　・埋葬を行った人名義の振込用口座番号、印鑑など
注意点	保険者（協会けんぽなど）により必要書類は異なる。 会社（事業主）が記入する欄もあるので、保険証を返却する際に一緒に確認すること。

※1 埋葬料は、死亡した被保険者に生計の一部でも依存していた事実があって、埋葬を行うべき者に対して支給されることとなっています

※2 埋葬費は、死亡した被保険者に生計を依存している者がいなかった場合で、実際に埋葬を行った者に対して支給されるものです

第4章 届け出と手続き

国民年金・厚生年金の手続き

速やかに受給停止の手続きを

国民年金や厚生年金の受給を受けていた人が亡くなったときは、受け取りを停止する手続きが必要となります。手続きすることなく、そのまま年金が支払われていた場合、その後死亡が分かったときには全額を一括で返還しなければなりません。死後10日または14日以内に、受給停止の手続きを行ってください（左の表参照）。

遺族が受給できる一時金や年金

年金加入者が死亡すると、遺族には一時金や遺族年金が支給されますが、

年金受給権者死亡届の手続き

手続き先	最寄りの年金事務所または年金相談センター
手続きする人	遺族
期間	国民年金：死亡後14日以内 厚生年金：死亡後10日以内
必要な書類等	故人の年金証書、死亡を証明する書類（死亡診断書や故人の戸籍謄本のコピー）など

年金受給権者死亡届について

年金を受給する権利は死亡とともに失効します。故人が老齢年金(老齢基礎年金・老齢厚生年金など)を受給していた場合は「年金受給権者死亡届」を提出し、受給停止の手続きをします。この手続きが遅れると、受け取った年金の返還を求められることになるので注意してください。

■年金受給権者死亡届（報告書）の書き方

① 亡くなった方について記入してください。亡くなった方が複数の年金を受けていた場合はすべての年金コードを記入してください。
② 届け出される方について記入してください。続柄の欄は亡くなった方からみた続柄を記入してください。

● 国民年金・厚生年金の手続き

第4章 届け出と手続き

故人がどの年金に加入していたか（被保険者が分類されています）、遺族が誰であるか、また遺族の年齢などによって異なります。被保険者の分類は次の通りです。

死亡者が受給していた年金で、未支給分は請求できます。

第1号被保険者
農林漁業、自営業者とその家族、学生、フリーター、無職の人など（20歳以上60歳未満）

第2号被保険者
会社員や公務員で厚生年金・共済年金に加入している人

第3号被保険者
第2号被保険者に扶養されている20歳以上60歳未満の配偶者で、年収130万円未満の人

残された家族がもらえる遺族年金（国民年金と厚生年金）早見表

故人の年金加入もしくは受給要件と遺族の要件により、給付される年金の種類は異なります。また、遺族が受給できる遺族年金の金額も、年金の種類、故人とその遺族の要件などによって変わってきます。

故人の職業	故人との関係	遺族が受給できる年金の種類
故人が自営業や農林漁業に従事していた場合	子（※1）がいる妻、夫、子ども	遺族基礎年金
	子（※1）がいない妻	寡婦年金
	その他の遺族	死亡一時金
故人が会社員だった場合　●故人が老齢年金（厚生）年金受給者（※2）、または受給資格期間を満たしていた場合（※3）も含む	子（※1）がいる妻、夫、子ども	遺族基礎年金
	子（※1）がいる遺族	遺族基礎年金 ＋ 遺族厚生年金
	子（※1）がいない遺族	遺族厚生年金 ＋ 死亡一時金
	子（※1）がいない40歳〜65歳の妻、もしくは40歳に達したときに遺族基礎年金の支給対象になる子がいる妻	遺族厚生年金 ＋ 中高齢寡婦年金
	昭和31年4月1日以前に生まれた65歳以上の妻	遺族厚生年金 ＋ 経過的寡婦加算

（※1）結婚していない18歳到達年度の末日（3月31日）を経過していない子、または20歳未満で障害年金の障害等級1-2級の子
（※2）原則65歳以上で受給資格期間が25年以上の人のこと
（※3）原則65歳に達していないが、受給資格期間25年を満たしている人のこと

「ねんきんダイヤル」を活用する

年金制度には細かい条件があり、複雑です。故人が加入していた年金を把握した上で、詳しく知りたい場合は最寄りの年金事務所を訪ねて直接確認しましょう。また、年金事務所に行くのが難しいときは「ねんきんダイヤル」から確認、相談することができます。

一般的な年金に関する問い合わせは

■ねんきんダイヤル
【ナビダイヤル】0570-05-1165
【050で始まる電話からかける場合】03-6700-1165（一般電話）

受付時間
月曜日／8時30分〜19時
火〜金曜日／8時30分〜17時15分
第2土曜日／9時00分〜16時
※月曜日が祝日の場合は、翌日以降の開所日の初日に19時まで相談可能。
※土曜日、日曜日、祝日（第2土曜日を除く）、12月29日〜1月3日は利用不可。

第4章 届け出と手続き

国民年金加入者の場合（国民年金第1号被保険者）

遺族基礎年金について

故人が国民年金に加入していた国民年金第1号被保険者の場合、遺族へは遺族基礎年金、寡婦年金、死亡一時金のうち、どれか一つが支給されます。ただし、次の条件を満たしていることが前提になります。

「被保険者または老齢基礎年金の資格期間を満たした者が死亡したとき。ただし、死亡した者については、死亡日より前の死亡の場合には25年以上ある夫が死亡した場合に、10年以上婚姻関係（事実上の婚姻関係を含む）のあった妻です。

① 配偶者
② 子

また、対象者も次のように決められています。

「故人によって生計を維持されていた子のある配偶者、もしくは子。子は18歳を迎える年度の3月31日を過ぎていない（一定障害のある場合は20歳未満）こと」

独自の年金です。ただし、死亡した夫が、障害基礎年金の支給を受けていたり、老齢基礎年金の支給を受けていた場合は支給されません。

寡婦年金について

国民年金の第1号被保険者として保険料を納めた期間（保険料の免除を受けた期間（保険料の免除を含む）が10年以上（平成29年8月1日より前の死亡の場合は25年以上ある夫が死亡した場合に、10年以上婚姻関係（事実上の婚姻関係を含む）のあった妻は、亡くなった人と一緒に生活していた次の者に、60歳から65歳になるまで支給される国民年金です。

死亡一時金について

国民年金の第1号被保険者として保険料を3年以上納めた人が、老齢基礎年金、障害基礎年金のいずれも受けないままに亡くなったとき、その遺族には死亡一時金が支給されます。受給対象の遺族は、亡くなった人と一緒に生活していた次の者です。

■ 国民年金死亡一時金請求書の書き方

見本

国民年金死亡一時金請求書

		年 月 日		二次元コード
基礎年金番号	0 0 0 0 0 0 0 0 0 0	フリガナ	シマネ タロウ	
死亡した方	基礎年金番号以外の手帳記号番号	氏名	(姓)島根 (名)太郎	
	生年月日 大正（昭和）平成 12年 3月 4日	死亡年月日 令和 6年 6月 30日		
	住所 松江 (市)区 町・村 ○○町1-2			

	フリガナ	シマネ	ハナコ	生年月日 大正（昭和）平成・令和 23年 4月 5日
請求者	氏名	(姓)島根	(名)花子	
	個人番号		死亡者との続柄	電話番号 － －
	住所 〒 －	市・区 町・村		

死亡一時金の手続き

手続き先	市役所、町村役場、年金事務所など
手続きする人	遺族
期間	死亡日の翌日から2年以内
必要な書類等	故人の年金手帳、故人と請求者の身分関係を証明できる戸籍謄本、世帯全員の住民票、振込先の口座番号、印鑑など

100

●国民年金加入者の場合（国民年金第1号被保険者）

第4章 届け出と手続き

寡婦年金の手続き

手続き先	市役所、町村役場、年金事務所など
手続きする人	故人の妻
期間	5年以内
必要な書類等	故人と請求者の年金手帳、故人と請求者の身分関係を証明できる戸籍謄本、世帯全員の住民票、請求者の所得証明、振込先の口座番号、印鑑など

③父母
④孫
⑤祖父母
⑥兄弟姉妹

受けられる順位もこの順番です。ただし、遺族基礎年金を受けられる人がいるときは支給されません。

金額は、保険料を納めた期間で異なりますが、寡婦年金と死亡一時金のどちらも受け取れる場合は、金額を比較して選択できます。申請は、市町村の担当窓口で行いますが、死亡一時金の請求書、故人と請求者の年金手帳、除籍謄本、住民票の写しなどが必要です。

■国民年金寡婦年金裁定請求書の書き方

第4章
届け出と手続き

厚生年金に加入の場合（国民年金第2号被保険者）

遺族厚生年金について

故人が厚生年金に加入していた場合、生計を維持されていた遺族は、遺族厚生年金が支給されます。生計を維持されていたとは、「死亡時に生計（家計）が一つだったこと」「前年あるいは前2年の収入が850万円未満であること。または所得が655万5千円未満であること」という二つの要件を満たすことです。遺族厚生年金を受給する要件は次のいずれかです。

遺族厚生年金を残せる故人の要件

① 厚生年金の加入者
② 厚生年金の加入中の病気やケガがもとで、初診日から5年以内に死亡
③ 老齢厚生年金の受給資格期間（25年）を満たしていた
④ 1級もしくは2級の障害厚生年金の受給権者

遺族厚生年金を受給できる遺族の要件

① 故人の妻
② 18歳到達年度の末日（3月31日）を経過していない故人の子（※）や孫、または20歳未満で障害年金の障害等級1級・2級の故人の子や孫
③ 55歳以上の夫、もしくは故人の父母、あるいは故人の祖父母

※子は結婚していない18歳到達年度の末日（3月31日）を経過していない子、または20歳未満で障害年金の障害等級1級・2級の子

遺族基礎年金よりも受給範囲は広い

遺族基礎年金と遺族厚生年金の違いの一つに、遺族厚生年金は受給できる遺族の範囲が広く定められていることがあります。その範囲は、配偶者、子、父母、孫、祖父母です。

ただし、子は18歳まで（18歳到達年度の末日、3月31日までの子。障害がある場合は20歳未満）と支給されなくなります。夫が死亡したときに40歳以上で子のない妻（夫の死亡後40歳に達した当時、子がいた妻も含む）の場合、65歳になるまでの間、中高齢の寡婦加算（定額）が遺族厚生年金に加算されます。妻が65歳になると自分の老齢基礎年金が受けられるため、中高齢の寡婦加算はなくなります。

夫、父母、祖父母は55歳以上、受給は60歳から（子のある夫は55歳から受給）といった制限があります。妻は年齢にかかわらず遺族厚生年金を受給できますが、夫が亡くなったとき30歳未満で子がいない場合は、5年間のみの支給となります。

中高齢寡婦加算について

中高齢寡婦加算は遺族厚生年金の加算給付の一つです。遺族基礎年金は子のいない妻には支給されませんが、子がいてもその子が18歳に達すれば（18歳の誕生日の属する年度の3月31日を過ぎる）支給されなくなります。

102

● 厚生年金に加入の場合（国民年金第2号被保険者）

■年金請求書（国民年金・厚生年金保険遺族給付）の書き方

❶ 生計を同じくしている子
（18歳になった後の最初の3月31日まで）がいる場合は記入。

❷ あるを○で囲んだ場合は診断書の提出が必要。

❸ 個人番号を記入すると毎年誕生月に提出している「年金受給権者現況届」の提出が原則不要に。

❹ 既に年金を受け取っている場合、または、他の年金を請求手続き中の場合は○で囲む。

❺ 交通事故など死亡の原因が第三者の行為による場合はその旨を窓口へ。別途書類が必要になります。

❻ 必ず本人が署名・押印

年金請求書（国民年金・厚生年金保険遺族給付）の手続き	
手続き先	遺族基礎年金のみ該当の場合は、市役所、町村役場、それ以外は年金事務所など
手続きする人	受給資格を満たす妻、子など
期間	5年以内
必要な書類等	・故人と請求者の両方：年金手帳、年金証書等（受給権のあるもの全て）、戸籍謄本（死亡日以降の全部事項証明書） ・その他：世帯全員の住民票、住民票の除票、死亡診断書の写し、所得証明書、課税（非課税）証明書、在学証明書または学生証等（義務教育中は不要）、請求者の預金通帳と印鑑など

第4章
届け出と
手続き

高額療養費の払い戻し申請

自己負担限度額を超えた医療費は払い戻される

故人が国民健康保険、後期高齢者医療制度、健康保険の加入者だった場合、「高額療養費制度」を利用して闘病や長期療養により支払った医療費の一部の払い戻しを受けることができます。

高額療養費制度では、1カ月の医療費の合計が自己負担限度額を超えた場合、その超過分の額が支給されます。申請期限は診療を受けた月の翌月から2年以内です。期限内であれば、死亡後でも申請は可能です。自治体によっては、介護費用も

医療費が高額療養費に達しない場合

診療費、医療費が高額療養費の支給対象額に達しない場合でも、1カ月内の複数受診や同一世帯の医療費を足して自己負担限度額を超えれば、払い戻しを受けることができます。

また、健康保険が使えない治療や投薬の費用、差額のベッド代、入院中の食事代などは高額療養費の対象外となるので注

しくは介護と医療を合わせた費用が高額の場合、払い戻されることもあるので相談してみてもよいでしょう。

また、直近の12カ月間に3回以上高額療養費の払い戻しを受けた場合、4回目以降は自己負担限度額がさらに引き下げられます。

年齢や所得で異なる自己負担額の基準

高額療養費の申請基準は、毎月の自己負担額の大きさで決まり、年齢や所得状況によって計算式が異なってきます。

しかし、保険加入者が70歳未満の場合は、合算できる医療費は1診療当たりの自己負担額が、2万1千円以上のものの

要件を満たすと申請書が送付される高額介護サービス費

介護サービスの利用には、月々の上限額が設定されています。一般的な所得（同一世帯内に課税所得145万円未満の65歳以上がいる場合）の人

の自己負担限度額は、4万4400円（同一世帯内に課税所得145万円以上の65歳以上の人が一人いる場合などは4万4400円）ですが、1カ月に支払った金額がこれを超えると、その分が払い戻されます。

前述の要件を満たす人には、市町村の役所から通知と申請書が送られてきます。この書面に従い手続きを行ってください。

意しましょう。

みとなります。

高額療養費申請の手続き

手続き先	故人の住所地の市役所、町村役場、協会けんぽなど
期間	治療を受けた翌月1日から2年以内
必要な書類等	・高額療養費支給申請書（全国健康保険協会のホームページからダウンロード可能）・故人（被保険者）との続柄が分かる書類（戸籍謄本など）

高額介護サービス費申請の手続き

手続き先	故人の住所地の市役所、町村役場
期間	介護サービスを受けた翌月1日から2年以内
必要な書類等	高額介護サービス費申請書、介護保険被保険者証、サービスを受けた際の領収書、印鑑、故人（被保険者）との続柄が分かる書類（戸籍謄本など）

104

●高額療養費の払い戻し申請

第4章 届け出と手続き

医療費の自己負担限度額を計算する

高額療養費の自己負担限度額（70歳未満の場合）

所得区分	月額の自己負担限度額
標準報酬月額83万円以上の人（健保） 旧ただし書き所得901万円以上の人（国保）	252,600円 ＋（総医療費 － 842,000円）× 1%
標準報酬月額53万～79万円の人（健保） 旧ただし書き所得600万～901万円の人（国保）	167,400円 ＋（総医療費 － 558,000円）× 1%
標準報酬月額28万～50万円の人（健保） 旧ただし書き所得210万～600万円の人（国保）	80,100円 ＋（総医療費 － 267,000円）× 1%
標準報酬月額26万円以下の人（健保） 旧ただし書き所得210万円以下の人（国保）	57,600円
低所得者 （被保険者が市町村民税の非課税者など）	35,400円

70歳未満の人の高額療養費のイメージ（標準報酬月額28万～50万円の人の計算例）

●医療機関に3割負担で月額150,000円を支払っていた場合（総医療費50万円）、67,570円が払い戻されることになります。

80,100円 ＋（【総医療費】50万円 － 267,000円）× 1% ＝ 82,430円
150,000円（窓口での支払額）－ 82,430円（月額の自己負担限度額）＝ 67,570円

67,570円が払い戻される

高額療養費の自己負担限度額（70歳以上75歳未満の場合）

被保険者の適用区分		自己負担限度額	
		外来（個人）	外来・入院（世帯ごと）
現役並み	年収約1160万円～ 標報83万円以上、課税所得690万円以上	252,600円＋（医療費－842,000）×1% <多数回 140,100円　※2>	
	年収約770万円～約1160万円 標報53万円以上、課税所得380万円以上	167,400円＋（医療費－558,000）×1% <多数回 93,000円　※2>	
	年収約370万～約770万円 標報28万円以上、課税所得145万円以上	80,100円＋（医療費－267,000）×1% <多数回 44,400円　※2>	
一般	年収156万～370万円 標報26万円以下、課税所得145万円未満（※1）	18,000円 （年間上限144,000円）	57,600円 （多数回44,400円）※2
低所得者	Ⅱ住民税非課税世帯※3	8,000円	24,600円
	Ⅰ住民税非課税世帯 （年金収入80万円以下など）※4	8,000円	15,000円

※1 世帯収入の合計額が520万円未満（1人世帯の場合は383万円未満）の場合や、「旧ただし書所得」の合計額が210万円以下の場合も含む
※2 過去12カ月以内に3回以上、上限額に達した場合は、4回目から「多数回」該当となり、上限額が下がる
※3 Ⅱ住民税非課税世帯は、被保険者が市町村民税の非課税者などである場合
※4 Ⅰ住民税非課税世帯は、被保険者とその扶養家族全ての人から必要経費・控除を除いた後の所得がない場合
●75歳以上は後期高齢者医療制度の対象者となります

70歳以上75歳未満の人の高額療養費のイメージ（一般所得者の計算例）

●医療機関に2割負担で個人月額30,000円を支払っていた場合、高額療養費の自己負担の上限額は18,000円のため、12,000円が払い戻されることになります。

30,000円（個人外来の窓口での支払額）－ 18,000円（月額の自己負担限度額）＝ 12,000円

12,000円が払い戻される

第4章
届け出と
手続き

所得税の確定申告

故人が個人事業主の場合は、4カ月以内に申告を

個人事業主が亡くなった場合は、死亡年の1月1日～死亡日までの所得を計算した所得税の確定申告（消費税の課税事業者に該当する場合は、消費税の確定申告を含みます）を原則、法定相続人が行わなければいけません。これを「準確定申告」といいます。

また、その年の1月1日～3月15日までに前年分の確定申告をしないで亡くなった場合は、これも同様に行うこと。期限はいずれも相続の開始があったことを知った日の翌日から4カ月以内に、申告と納税をしなければなりません。

故人が会社員でも申告が必要なケースもある

企業に勤める会社員が死亡によって退職した場合は、勤務先でその年の給与にかかる所得税を計算し、年末調整を行うケースが一般的なので、確定申告は不要です。しかし、年末調整がされていない場合は、相続人が申告をすることになります。

また、会社員でも次の人が負担することになりますが、相続人が二人以上の場合は、法定相続分でそれぞれが納めます。また、遺言で指定相続分

●給与所得や退職金など
●年収が2千万円超

基本的に所得税は相続人が二人以上いる場合には、原則的に相続人全員が連名で準確定申告書を提出しなければなりません。

法定相続人が二人以上いる場合には、原則的に相続人全員が連名で準確定申告書を提出しなければなりません。

法定相続人が複数いる場合は連名で申告・納税を

●住宅借入金等特別控除を受ける
●医療費控除を受ける
●2カ所以上から給与を受け取っている

の所得以外の所得が20万超

がある場合は、それに沿って割り振られます。

相続を放棄した人がいる場合は、その人を除いた相続人全員で、申告・納税をします。

保険料が所得から控除されるケースもある

その年の1月1日～死亡日までに故人が支払った金額が対象となります。よって、入院中に死亡した場合などは、故人の入院費を死亡後に支払うことになるため、控除の対象にはなりません。

た医療費、社会保険料、生命保険料、地震保険料などは、申告の際に故人の所得から控除されます。いずれも申告の際、税務署などによく確認しましょう。

医療費などの控除については、死亡日までに支払った金額が対象となります。よって、入院中に死亡した場合などは、故人の入院費を死亡後に支払うことになるため、控除の対象にはなりません。

準確定申告の手続き

手続き先	故人の住所地を管轄する税務署
期限	相続の開始を知った日の翌日から4カ月以内
必要な書類等	・準確定申告書と付表 ・死亡日までの決算書（源泉徴収票）等 ・所得の内訳書 ・生命保険・地震保険の控除証明書 ・医療費の明細書 ・申告者（相続人）の本人確認書類（運転免許証など） ・マイナンバー
申告義務者	相続人全員

106

● 所得税の確定申告

第4章 届け出と手続き

107

第4章
届け出と
手続き

医療費の控除

自己負担額が10万円以上の場合は医療費の控除を

医療費控除は、本人や生計を一つにする配偶者、その他の親族のために支払った1年間の医療費が対象です。控除が認められるのは次の通りです。

● 自己負担額が合計で10万円を超えている場合
● 年間所得が200万円未満で、所得の5%超を自己負担している場合

この規定を超えた部分について、200万円を限度に所得金額から医療費の控除を受けることができます。

申告をする際には、該当する医療費の領収書から「医療費の明細書」を作成する必要があります。

その明細書は、準確定申告書に添付することになります。

医療費控除の手続き

手続き先	故人の住所地を管轄する税務署
必要な書類等	故人の死亡日までの決算書（源泉徴収票）等、死亡年（5年前まで申告できる）の1月1日～死亡日までの医療費の明細書、申告者（相続人）の本人確認書類（運転免許証、マイナンバーなど）

医療費控除額の計算式

{（死亡年の1月1日から死亡した日までに支払った医療費の総額）－（保険金などで補てんされる金額）} － （10万円 所得が200万円までの人は所得金額の5%） = 医療費控除額

最高200万円

医療費控除の対象となる医療費とは

控除の対象となる費用

● 医師、歯科医師による診療や治療に支払った費用
● 治療、療養のための医薬品の購入費用
● 治療のためのマッサージ、指圧、鍼灸などによる施術費用
● 療養上の世話を依頼した保健師や看護師に支払った費用
● 介護保険制度の下で提供されるサービスのうち、指定介護老人福祉施設サービスの介護費および食費として支払った額の2分の1相当額、また一定の居宅サービスの自己負担額
● 必要とされる通院費用、入院の部屋代、食事代、医療用具の購入費用
● 医療施設などに急患やケガなどで運ばれたときの費用
● 6カ月以上寝たきりの人のおむつ代金（医師の「おむつ使用証明書」が必要）
● 医師の診療、治療を受けるために通常必要な差額ベッド代金（本人や家族の都合だけで個室にしたときは医療費控除の対象にならない）

医療費控除の対象とならない費用

● 健康増進や疾病予防のための医薬品の購入費用
● 健康診断のための費用
● 死亡診断書代金
● 入院の際に準備した身の回りのものや、病院で支給される以外の食事代
● 自己の都合による差額ベッド代金

医療費から差し引かれる費用

● 健康保険から支給された療養費などの給付金、高額療養費など
● 生命保険や損害保険から、医療費の補てんを目的として支払われた保険金や入院給付金など
● 医療費の補てんを目的として支払われた損害賠償金

- 医療費の控除
- 生命保険の手続き

第4章 届け出と手続き

生命保険の手続き

死亡保険金の請求

生命保険には、生命保険会社の「生命保険」、かんぽ生命の「簡易生命保険」、勤務先での「団体生命保険」などがあります。故人が生命保険や簡易保険に加入していた場合、死亡保険金は受取人が請求しなければ支払われません。

また、まれなケースだと思いますが、死亡保険金の受取人が故人本人になっていた場合や指定されていない場合には、保険金は相続財産となるため、相続が正式に決まるまでは請求できません。団体生命保険は、勤務先で加入し、受取人が勤務先になっていることもあるので、勤務先の担当者に確認しましょう。

手続きは3年以内に

死亡保険金の手続きは、できるだけ早めに死後1〜2カ月以内を目安に、保険会社やかんぽ生命に連絡します。被保険者（故人）の死因、死亡日、証券番号などを伝えると、請求に必要な書類が送られてきます。請求期間は、一般的な約款および法律では「死後3年以内」とされています。早めに手続きをしましょう。

住宅ローンを支払っていた場合

銀行などで住宅ローンを組むときには、一般的に団体信用生命保険の契約を取り交わします。これは、契約者が返済中に死亡した場合に、ローンの残金と同額の死亡保険金が生命保険会社から契約先の銀行に支払われるというものです。故人が団体信用生命保険の契約をしていたかを借入先の金融機関に確認し、加入していた場合は所定の手続きをします。この場合、亡くなったと同時に住宅ローンは完済されることになるので、故人の債務にはなりません。また、相続税の債務控除の対象外となります。

生命保険金への課税

死亡保険金の受け取りにおいて、被保険者、保険料を負担した人、受取人が誰かによって課税される税金の種類が異なります。また、受取人が相続人の場合は一定金額まで相続税の非課税の適用があります。

詳しくは担当者にご相談を

死亡保険金の扱いと課税される税金（例）

相続税、所得税、贈与税が課税されるのは、それぞれ以下のような場合です。

被保険者	夫	夫	妻	夫
負担者	夫	夫	夫	妻
受取人	妻	子	夫	子
保険事故	夫の死亡	夫の死亡	妻の死亡	夫の死亡
税金	妻に相続税	子に相続税	夫に所得税	子に贈与税

第4章 届け出と手続き

事業引き継ぎの手続き

開業・廃業の届け出等について

故人が事業主でその事業を引き継ぎ開業する、または廃業する場合、事業者に該当する場合は「個人事業の開業・廃業等届出書」や「消費税課税事業者届出書」(消費税の課税事業者に該当する場合は「個人事業者の死亡届出書」)を税務署に提出しなければいけません。

引き継ぎ開業する場合、特に注意したいのが「所得税の青色申告承認申請書」の提出です。所得税の申告には青色申告と白色申告がありますが、青色申告をすれば所得税の控除など、さまざまな特典を受けることができます。ですが、故人の青色申告を引き継げるわけではなく、再度承認の申請が必要ということです。その書類が「所得税の青色申告承認申請書」になります。書類の提出期限は個人が亡くなった日によって異なるので注意が必要です。税理士などの専門家にお任せすることをお勧めします。

また、事業の承継に当たり特別な資格が必要だったり、個人の国家資格などで営業していた場合は、事業を引き継ぐことは認められていません。

個人事業の開業・廃業等届出書の手続き

手続き先	納税地を管轄する税務署
手続きする人	事業を引き継ぐ相続人
期間	事業の開業・廃業等の事実があった日から1カ月以内
必要な書類等	届出書

所得税の青色申告承認申請書の手続き

手続き先	納税地を管轄する税務署
手続きする人	事業を引き継ぐ相続人
期間	死亡日がその年の1月1日～8月31日までの場合は死亡の日から4カ月以内 死亡日がその年の9月1日～10月31日までの場合はその年の12月31日まで 死亡日がその年の11月1日～12月31日までの場合は翌年の2月15日まで
必要な書類等	申請書

● 事業引き継ぎの手続き

第4章 届け出と手続き

■所得税の青色申告承認申請書の手続き

1. 故人の事業を引き継ぐ人の氏名、住所、事業所の住所などを記入
2. 事業所や店舗などの名前と住所を記入
3. 事業を引き継ぐなら「事業所得」、不動産経営なら「不動産所得」などいずれかを選択
4. 記載の方法や青色申告のため備え付ける帳簿名を選択

■個人事業の開業・廃業等届出書の手続き

1. 提出先の税務署を記入
2. 自宅兼事務所（店舗）の場合は「住所地」を選択し自宅の住所を記入
3. 事業主の氏名と生年月日を記入
4. 屋号がある場合に記入。なければ未記入で可
5. 「開業」を選択
   事業の引き継ぎを受けた先の住所・氏名を記入
6. 「事業」を選択
7. 例：賃貸不動産の仲介、雑貨品の販売
8. 青色事業専従者や従業員を雇用する予定があれば記入
9. 1人でも雇う人がいるならば「有」を選択する

第4章
届け出と
手続き

法的な諸手続きに必要な書類

書類は必要な枚数を調べてまとめておく

住民票や印鑑登録証明書などは、「○カ月以内に発行されたものに限る」など、有効期限が定められているものもあり注意が必要です。申告期限に余裕がある場合でも、書類を入手したら早めに手続きを行いましょう。

故人名義の契約変更や生命保険金の受け取りなど、故人に関する法的な手続きをとる際には、さまざまな書類が必要となります。

特に申請する人の「住民票」や「印鑑登録証明書」、故人の「戸籍謄本」「除籍謄本」などは、提出しなければならない機会が数多く出てきます。そのたびに各市町村の窓口へ書類を請求するのは手間がかかります。あらかじめ必要となる書類は枚数を確認し、一度に発行してもらいましょう。

また、手続きに添える

書類請求は身分証明が必要 第三者への依頼は委任状を

住民票や戸籍謄本（抄本）、印鑑登録証明書などの書類は、本人による請求が原則です。同世帯の人や配偶者、または直系親族でも請求は可能ですが、第三者からの虚偽、なりすましなどによる不

諸手続きに必要な主な書類一覧表

書類	書類を必要とする主な手続き	備考
住民票	●健康保険・国民健康保険から、葬式の費用として「葬祭費」あるいは「埋葬料」をもらうとき ●国民年金・厚生年金から「遺族年金」をもらうとき ●故人の自動車や不動産の所有権を相続し、名義変更をするとき	世帯全員の写しと一部の写しの2種類がある
印鑑登録証明書	●故人の銀行預金や郵便貯金を相続して名義変更するとき ●故人が所有していた株券などを相続して名義変更するとき ●故人の自動車や不動産の所有権を相続して名義変更するとき ●遺産分割協議書を作成するとき（相続に関わる人全員の印鑑証明書が必要） ●生命保険の死亡保険金を請求するとき	本人が登録している実印であることを証明する書類
戸籍謄本	●健康保険・国民健康保険の「葬祭費」または「埋葬料」を申請するとき ●「遺族年金」を申請するとき ●故人名義の銀行預金や郵便貯金、株券などの名義を変更するとき ●故人名義の電話、自動車、不動産の所有権の名義を変更するとき ●相続税を申告するとき ●かんぽ生命の簡易保険を受け取るとき	戸籍に登載されている全員を写した書類。除籍した人も含まれる
戸籍抄本	●生命保険の死亡保険金を請求するとき	戸籍に登録されている人のうち、請求者が必要とする人だけを写したもの
除籍謄本	●故人名義の生命保険や簡易保険の死亡保険金を請求するとき ●故人名義の電話債券や自動車の所有権を移転するとき ●故人名義の銀行預金や郵便貯金、株券などの名義変更をするとき ●故人が会社役員だった場合、役員登記の変更をするとき	一つの戸籍から婚姻、死亡、分籍、転籍などによりすべての人が除かれると、その戸籍は除籍として保存される。そこに記載されている人を全員写した書類

※手続きの方法により異なるため、ホームページで確認すること

112

●法的な諸手続きに必要な書類

第4章　届け出と手続き

印鑑を押すときは再度書面を確かめ慎重に

法的な諸手続きには、印鑑を押す機会が非常に多くあります。もちろん印を押すということは、法的に意味があることが大半ですから、押印の際はもう一度書面に目を通し、内容事項を再確認してから押すようにしましょう。

実印

印鑑でも特に重要なのが実印です。これは居住地のある市町村に、一人が1個だけ登録できる印です。発行される「印鑑登録証明書」は、この印を登録者のものであることを証明します。実印は悪用されると大変です。保管にはくれぐれも注意しましょう。

認め印

文具店や印章店で気軽に手に入れられる印鑑が、認め印と呼ばれるものです。一見重要度が低いように感じられますが、法的には認め印を押すことは、その書類の内容に同意したという効果を持ちます。押印する際は、書類内容などを確認し、十分に納得してから押すようにしましょう。

不正請求の未然防止や、個人情報の保護を目的に、窓口に訪れた人の本人確認が行われます。その際、運転免許証やパスポートなど身分証明の提示を求められます。

特に家族以外の第三者（代理人）に申請をお願いする場合は、委任状などが必要となります。用紙は市町村のホームページからダウンロードも可能ですのでご確認ください。必要事項は必ず本人が記入してください。各市町村によって書式も異なるので、不明な点は申請をする市町村へ問い合わせましょう。委任状の書式の一例は下記の通りです。

委任状の一例（松江市）

委任状

（あて先）松江市長　　　　令和　年　月　日

本人（委任者）	住所
	氏名　　　　　㊞
	生年月日
	電話番号

※委任者の直筆または署名・㊞が必要です

私は、次の者に下記の事項についての権限を委任します。

代理人（受任者）	住所
	氏名

※代理人（受任者）の方は、本人確認ができる身分証明書（運転免許証等）の提示をお願いします。

記

1. 戸籍などの交付請求及び受領

戸籍謄抄本	通	戸籍の附票謄本	通
身分証明書	通		
必要な人の氏名			
必要な人の本籍	松江市		
使用目的及び提出先			

2. 住民票などの交付請求及び受領

住民票	通	住民票記載事項証明書	通
使用目的及び提出先			

3. 住所変更などの手続き

① 転入届（他の市区町村から松江市へ引っ越してきたとき）
② 転居届（松江市内で引っ越したとき）
③ 転出届（松江市から他の市区町村へ引っ越すとき）
④ 世帯主変更届
⑤ その他（　　　　）

※転入・転居届は実際に住み始めてからでないと手続きができません。

住所変更の手続きに併せて住民票などが必要な場合は、上記1、2の該当項目をご記入ください。

記載内容の確認のため、委任者に電話をさせていただくことがあります。

旧姓に戻りたいときは復氏届を提出する

配偶者が亡くなると、婚姻関係は解消されます。こうしたことから、結婚前の姓に戻りたいときには「復氏届」を提出します。旧姓に戻す際には、元の戸籍に戻るか、または「分籍届」を提出し、新しい戸籍を作るのかを選択できます。手続きは本籍地か住所地の市町村で行います。手続きに必要なものは、復氏届、戸籍謄本、婚姻前の戸籍謄本、印鑑です。配偶者の死亡後、いつ手続きを行っても構いませんが、必ず本人が窓口に出向かなくても構いません。

子の戸籍と姓を親と同一にするには

親が復氏届や分籍届で、旧姓に戻ったり新しい戸籍を作ったりしても、子の戸籍や姓は変わることはありません。子の戸籍や姓を自分と同一にしたい場合は、子の住所地の家庭裁判所に「氏変更許可」の申し立てをします。手続きには、子の戸籍謄本、両親の戸籍謄本、申立人の印鑑が必要です。子が15歳未満なら法定代理人が、15歳以上ならば本人が申し立てます。裁判所から許可が下りたら審判書を添えて、親の本籍地か住所地、また子の本籍地の役所に「入籍届」を提出し、親と同じ戸籍、同姓にします。

第4章 届け出と手続き

遺言の手続き

遺言が見つかったら

遺言者の死後、遺言書が見つかったら、保管していた人または発見した人が速やかに家庭裁判所に提出し、「検認」を受けなければなりません。検認の申し立ては、遺言者（被相続人）が亡くなったときの住所を管轄する家庭裁判所に対して行います。

検認は、記載内容を確認し、改ざんを防ぎ、保存を確実にするために行われます。

遺言書が封印されている場合には、開封する前に家庭裁判所に提出する必要があります。勝手に開封したり、故意に検認の申し立てを行わなかったりすると、過料を科せられます。遺言の検認請求をせず、さらに隠匿した場合は、相続欠格により相続権を剥奪されます。また、遺言を改ざんした場合は、私文書偽造罪に問われることになります。

検認の手続き

検認の手続きは、遺言書の原本、遺言者の死亡が記載された戸籍謄本、申立人・相続人全員の戸籍謄本、相続人以外の受遺者の戸籍謄本などを添えて、「家事審判申立書（遺言者の検認）」を提出します。

その後、家庭裁判所から検認の期日が通知されます。当日は相続人などの立ち会いのもと、遺言書の内容が確認されます。

遺言書の種類

遺言書の作成には民法によって決められた方式があり、それに従って作成されていないと法的に無効になります。遺言の方式には大別して普通方式と特別方式があります。一般には次の3種類の普通方式で作成されます。

自筆証書遺言（民法968条）

ときところを問わず、遺言者の意思によって自由に作成された遺言が「自筆証書遺言」です。証人の必要もないので、内容も作成した事実も秘密にすることが可能です。

ただし、書式や内容について一定の条件を満たしていないと法的に無効になってしまいます。また、遺言者の死後、遺言が発見されなかったり、紛失や第三者によって改ざんされるといったリスクを防ぐため、2020

遺言書の扱われ方

遺言者の死亡 → 遺言書の発見

- **公正証書遺言**：検認の必要はありません。
- **自筆証書遺言**：封印がなければ開封しても構いません。封印されていたらそのまま提出します。
  ※法務局で保管が可能です。この場合、検認の必要はありません
- **秘密証書遺言**：そのまま提出します

→ 家庭裁判所に提出 → 検認審判

114

●遺言の手続き

第4章　届け出と手続き

年7月から法務局にて自筆証書遺言の保管が可能となりました。法務局保管制度により保管されていた場合は、検認は不要です。

全文が自筆で書かれているか

自筆証書遺言は、代筆やパソコンで作成されたものは効力を持たず、全文が必ず自筆で書かれていなければなりません。録音・録画したものも無効です。日付・署名・押印のいずれか一つが欠けても無効とされます。

添付する財産目録については、パソコンで作成したものや通帳のコピーなど、すべての目録に遺言者本人が署名押印することで有効となります。

年は元号でも西暦でも構いません。署名は、戸籍上の実名を記載します。遺言者を特定できれば、通常使用されているペンネームや芸名などでも有効ですが、作成者が誰か疑義が生じかねないのでお勧めできません。

押印の印鑑は実印でなくても可とされ、認め印でも構いません。

公正証書遺言（民法969条）

公証役場で証人二人以上の立ち会いのもとに作成された遺言が「公正証書遺言」です。口述された遺言事項を公証人が筆記し、筆記したものを遺言者と立会人全員に読んで聞かせ、筆記が正確であることを確認の上、遺言者と証人が署名・押印（実印による）します。

公証人は証書を作成した手順を付記して署名・押印します。遺言者が病気などで署名できないときは、公証人がその旨を付記し、職印を押印することによって、遺言者の署名に代えることができるとされています。

原本は公証役場に保管される

公正証書遺言は、法的に正しい書式で作成されます。また、遺言書は原本・正本・謄本の3通が作成され、原本は公証役場に保管されます。正本・謄本は遺言者が保管しますが、原本が保管されているので、死後、発見されずに紛失してしまったり、破棄されたり、内容が改ざんされたりする恐れがありません。

一度作成した公正証書遺言の取り消しや変更も可能です。万が一、正本を紛失したときは再交付も受けられます。

遺言者の死後、家庭裁判所での検認の手続きが必要なく、遺族はすぐに相続の手続きに入ることができます。

秘密証書遺言（民法970条）

遺言内容の秘密が守られながら、遺言の存在を明確にできる方式が「秘密証書遺言」です。遺言書を封筒に入れ、遺言書に押印した印鑑と同じ印鑑で封印します。遺言書はパソコンで作成しても代筆でも構いませんが、署名だけは本人の自筆で行います。

封印した遺言書は、公証役場で証人二人以上の立ち会いのもとに公証人に提出し、本人が書いたものであることを確認した上で、公証人は遺言書の申し立てと日付を封紙（封筒）に記載し、遺言者、証人とともに署名・押印し、秘密証書遺言が完成します。完成した秘密証書遺言は本人が持ち帰り、公証役場には遺言が作成された事実が記録されます。

特例により作成される遺言もある

特別方式として、「危急時遺言（臨終遺言）」「隔絶地遺言」があります。これらの遺言は、病気や事故などで死が間際に迫っているような場合、感染症病棟内や航海中の船舶などの隔絶された場所にいる場合など、特別な事情におかれた際に行われる方式です。

特別方式で遺言を作成した後で状況が変わり、普通方式の遺言作成ができる状態になり6カ月以上経過して生存している場合は、特別方式で作成した遺言は無効になります。

第4章
届け出と
手続き

遺産相続の手続きとポイント

遺産相続の流れ

人が死亡した瞬間、その人の所有財産は「遺産」です。まず自己のために相続の開始があったことを知ったときから3カ月以内に、相続するかしないかを検討し、相続税が発生すれば、被相続人が死亡したことを知った日の翌日から10カ月以内に相続人の資格や順位、相続分に関しては、法律で申告と納税を行うことになります。分からないこ

人となり、故人は「被相続人」となります。相続とは、こうした遺産の所有権を被相続人から相続人へと移転することをいうのです。

相続は家族が亡くなった日から始まります。特に相続の手続きで重要な期限は、3カ月と10カ月です。まず自己のために相続の開始があったことを知ったときから3カ月以内に、相続するかしないかを検討し、相続税が発生すれば、被相続人が死亡したことを知った日の翌日から10カ月以内に

とは、相続手続きを数多く取り扱っている専門家などに相談しましょう。

遺産を相続する資格のある法定相続人とは

被相続人が遺言によって相続人と相続分を指定している場合を除いては、相続人の資格や順位、相続分に関しては、法律で

定められた基準に従って相続が行われます。民法では遺産を相続する資格のある相続人を「法定相続人」とし、次のように定めています。

配偶者

故人の配偶者は常に相続人となり、相続では特別扱いとなります。

第2順位・直系尊属

故人の両親。仮に親が死亡している場合は祖父母が第2順位となります。

第3順位・兄弟姉妹

故人の兄弟姉妹。兄弟姉妹が死亡している場合は、その子（甥・姪）が第3順位となります。

第1順位・直系卑属

故人の子。実子・養子の区別はありません。認知されていれば、嫡出でない子でも実子と同様の相続権があります。妊娠中の胎児も同様です。仮に子が死亡していれば、孫が第1順位となります。

相続する財産はよく確認しておくこと

相続の対象となる財産は、故人が死亡したときに所有していた全ての財産です。具体的には、不動産や預貯金、有価証券、古美術品が一般的です。

しかし、故人が個人事業主だった場合は、商品

遺産相続の手続きの流れ

被相続人の死亡（相続開始）
▼
相続人の確定
▼
相続財産の調査
▼
単純承認・限定承認・相続放棄の決定
〜3カ月以内

相続財産の評価
▼
被相続人の準確定申告
〜4カ月以内

遺産分割協議
▼
相続税の計算・書類作成
▼
相続税の申告・納税
〜10カ月以内

116

● 遺産相続の手続きとポイント

第4章 届け出と手続き

法定相続人の範囲と優先順位

第2順位: 第1順位がいない場合、相続人になる。父母が亡くなっている場合は祖父母が相続人
法定相続分は
配偶者：3分の2
第2順位の相続人：3分の1
（両親がいる場合は3分の1を平等に分割する）

常に相続人（配偶者）

第3順位: 第1順位、第2順位がいない場合、相続人になる。兄弟姉妹が亡くなっている場合は、甥・姪が相続人
法定相続分は
配偶者：4分の3
第3順位の相続人：4分の1
（兄弟姉妹が数人いる場合は4分の1を平等に分割する）

第1順位: 子が亡くなっている場合は、孫が相続人になる
法定相続分は
配偶者：2分の1
第1順位の相続人：2分の1
（子が数人いる場合は2分の1を平等に分割する）

プラスの相続財産

- **現物財産**: 現金・預貯金など
- **不動産**: 土地・建物
- **不動産上の権利**: 貸借権・抵当権など
- **動産**: 自動車・貴金属・骨董品・家財家具など
- **有価証券**: 株式・国債・社債・ゴルフ会員権など
- **その他債権**: 売掛金・貸付金・損害賠償請求権など
- **知的財産権**: 著作権など
- **生命保険金**: 故人が受取人のもの
- **電話加入権**

マイナスの相続財産

- **負債**: 借金・ローンなど
- **保証債務**: 原則として相続
- **損害賠償義務**: 不法行為・債務不履行など
- **公租公課**: 未納の税金など
- **買掛金**: 営業上の未払い代金など

相続財産とみなされないもの

- **祭祀財産**: 墓地・仏壇・位牌・遺骨など
- **生命保険金**: 故人以外が受取人のもの
- **香典・葬儀費用**
- **死亡退職金**（※例外あり）**・埋葬料**
- **その他**: 故人のみに帰属する権利（一身専属権）など

や営業権などの事業用財産を含む動産、債権、特許・実用新案・意匠・商標などの工業所有権も含まれます。また、死亡と同時に発生する死亡保険金は、故人以外の人が受取人の場合は原則として相続財産ではありません。ただし、故人を受取人とする死亡保険金、退職金は相続財産となります。

年金によっては、種類により扱いが異なりますので、年金事務所や保険会社等にご確認ください。

注意する点は、相続する財産はプラスばかりでなく、債務といったマイナスの財産もあるということ。そのため、相続にトラブルを避けたい場合

1 相続放棄

プラス、マイナスにかかわらず全ての遺産を放棄する方法です。特にマイナスの遺産が大きいときは相続放棄によって負債を抱えずに済みます。

は三つの選択肢が用意されています。

117

にこの方法を選択することがあります。

② 限定承認

相続した財産の範囲内で、負の遺産の支払い義務を引き継ぐのが限定承認です。この場合、債務を弁済したあとに財産が残れば、これを相続することができます。

③ 単純承認

プラス、マイナスにかかわらず全ての財産を相続する方法で、最も基本的な相続のスタイルです。

◇　　◇

なお相続放棄は一人の相続人単位で可能ですが、限定承認は相続人全員の合意が必要です。

相続人を確定する主な方法

法定相続人と相続する財産の内容が確認できたら、実際に誰が何を取得するか決めます。

遺言による確定

遺言がある場合は、全てに最優先されるため、これに基づき相続人を確定します。

特別受益者

故人の生存中にマンションを購入してもらったり、生活費の援助などの贈与を受けていた場合、これらを相続分の先取りとして、相続分から差し引かれます。

遺産分割協議による場合

誰が何を相続するのか、話し合いで決めます。話し合いで解決しない場合は、家庭裁判所の調停や審判に委ねることになります。

特別寄与者

故人の生存中に、財産の維持や増加に寄与した人には、法定相続分以上のプラスアルファが認められます。これを寄与分といい、どの程度にするのかは共同相続人との協議によって決められます。

◇　　◇

これらを考慮して協議がまとまれば、後の争いを避けるためにも、各相続人が署名押印をした「遺産分割協議書」を作成

確定した相続人が複数の場合は遺産分割協議が必要

相続人が二人以上いて、遺言で相続割合が指定されていないときは「遺産分割協議」で分割割合を決定しなければなりません。この際、相続人の中に次のような人がいる場合は、それを反映した相続分の算定が行われます。

なお、協議については相続に関わる全員が参加しなければ無効です。協議でまとまらない場合は、家庭裁判所に遺産分割調停の申し立てをする方法が考えられるため、弁護士等に相談しましょう。

しておくとよいでしょう。

遺産分割調停の主な進め方

① 相続人の範囲の確定　誰が相続人かを確認します。

合意 ↓

② 遺産の範囲の確定　遺産として何があるのか、何を分割の対象とするのかを確認します。

合意 ↓

③ 遺産の評価　遺産分割の対象となる遺産のうち、不動産等の評価額を確認します。

合意 ↓

④ 相続人の取得額の確定　②で確認し、③で評価した遺産について、法定相続分に基づいて各相続人の取得額が決まります。生前贈与等を受けた特別受益者、遺産の維持形成に特別に貢献した特別寄与者を確定し、それを考慮して各相続人の取得額を修正します。

合意 ↓

⑤ 遺産の分割方法の確定　④の取得額に基づいて、各相続人に分割します。遺産の分割方法には、現物分割（その物を分ける）、代償分割（物を分けるが、差額を金銭で調整する）、換価分割（売却して金銭を分配する）などがあります。

合意 ↓

調停成立

118

●遺産相続の手続きとポイント
●特別寄与料と遺留分の権利

第4章 届け出と手続き

特別寄与料と遺留分の権利

介護した人の金銭請求が可能に

これまでは法定相続人ではない親族（長男の妻など）が、亡くなった義理の両親の介護にどれだけ尽くしても、相続権も寄与分も認められないという問題がありました。

しかし、2019年7月より、法定相続人ではない親族が無償で故人を介護するなどした場合、特別寄与者として家庭裁判所を通じ「特別寄与料」を請求できるようになりました。期限は、特別寄与者に当たる人が相続の開始を知った日から6カ月以内、または相続開始から1年以内です。

なお、特別寄与料の請求には上限額が定められています。具体的な算定方法は複雑なので、弁護士などに相談しましょう。

相続人の権利が最低限保障される遺留分

相続は基本的に故人の意思を尊重します。そのため、遺言書があった場合、その遺言の内容が最優先されます。ですが、仮に遺言書で「すべての財産を寄付する」とあったなら、遺族の今後の生活にも大きな影響を与えてしまいます。

そのため民法では、特定の法定相続人に最低限の遺産（遺留分）が認められています。この権利の行使を「遺留分侵害額請求」といいます。これによりたとえ遺言書があっても、特定の法定相続人（遺留分の権利者）は、遺留分を請求することができるのです。

請求した遺留分は金銭で支払われる

これまで遺留分は現物での返還が原則でした。しかし、これでは権利を行使されると現物を受遺者と特定の法定相続人で共有することになり、さまざまな問題が生じていました。特に、事業承継に必要な会社の不動産や株式を権利の行使によって共有することになれば、事業承継を円滑に行うことは難しくなります。

そうしたことから、2019年7月より、遺留分の権利の行使は、受遺者へ対する金銭での支払い請求に限ることになりました。遺留分侵害額請求は円滑に話し合いを進めるためにも、弁護士への相談をお勧めします。

遺留分の権利が認められる法定相続人

相続人	遺留分全体の割合	各相続人の遺留分割合	
		配偶者	その他の相続人
配偶者のみ	2分の1	2分の1	—
配偶者と子		4分の1	4分の1を人数で配分
配偶者と親		3分の1	6分の1を人数で配分
配偶者と兄妹姉妹		2分の1	なし
子のみ		—	2分の1を人数で配分
直系尊属のみ	3分の1	—	3分の1を人数で配分
兄妹姉妹のみ	なし	—	なし

第4章
届け出と
手続き

配偶者による居住権の取得

残された配偶者の生活を支える配偶者居住権

配偶者が相続開始時に故人が所有する自宅に暮らしていた場合、配偶者自身が亡くなるまでか、もしくは一定期間、これまで同様に自宅に無償で住むことを認める権利を「配偶者居住権」といいます。

これは、住宅について の権利を「負担付きの所有権」と「配偶者居住権」に分けて考え、故人の配偶者が「配偶者居住権」を取得すれば、配偶者以外の相続人（子）が「負担付きの所有権」を取得することができるようにした

一定期間の居住が認められた配偶者短期居住権

ものです。
また、配偶者居住権は完全な所有権とは異なりますが、売却したりすることができない分、不動産としての評価額を低く抑えることができます。
このため、配偶者はこれまで住んでいた自宅に住み続けながら、預貯金などの他の財産も取得できるようになります。

配偶者居住権は、2020年4月より、遺産分割・遺贈または死因贈与・家庭裁判所の審判によって取得することができます。配偶者居住権を取得したら、弁護士や司法書士に依頼して、早めに登記の申請を行いましょう。

仮に配偶者居住権を取得していなくても、配偶者は故人と一緒に暮らしていた住宅に一定期間（最低6カ月）、無償で住み続けることができます。この権利を「配偶者短期居住権」といいます。

申請の必要はありませんが、配偶者が相続開始時に故人が所有していた住宅に居住していることが条件とされています。

配偶者居住権のメリット

例 配偶者と子で1,500万円相当の自宅と1,500万円の預貯金、合計3,000万円の財産を相続することになった場合

被相続人（夫）

遺産

自宅（1,500万円）
→ 配偶者居住権（750万円）
→ 負担付き所有権（750万円）

預貯金（1,500万円）

住み慣れた家と生活資金も確保できて安心。

配偶者（妻）
配偶者居住権（750万円）
預貯金（750万円）

子
負担付き所有権（750万円）
預貯金（750万円）

- ●配偶者による居住権の取得
- ●相続税がかかる財産

第4章　届け出と手続き

第4章　届け出と手続き

相続税がかかる財産

死亡退職金については、「500万円×法定相続人の数」を上回る金額は課税対象となります。

課税対象となる財産と対象とならない財産

相続する財産には、相続税のかかる財産と、かからない財産の二つがあります。課税となる財産は次の通りです。

1 相続や遺贈で得た財産

被相続人の死亡にともなう相続や遺贈（詳細は27ページ参照）で得た自宅や土地、預貯金、有価証券など、金銭的価値のあるものは全て含まれます。

また、非課税となる財産は、墓地、仏壇、仏具、生命保険金の一定額以内、退職金の一定額以内となっています。

いずれも以下の表を参考にしてください。相続する財産のリストアップもしておくとよいでしょう。

2 みなし相続財産

被相続人の死亡によって発生したみなし相続財産のうち、死亡保険金や死亡退職金について、「500万円×法定相続人の数」を上回る金額は課税対象となります。

3 生前に贈与された財産

被相続人が亡くなる3年以内に贈与された財産は、贈与税の基礎控除額（110万円）以内であっても、相続税はかかります。

相続税がかかる財産

本来の相続財産	土地	宅地、田畑、山林、原野、雑種地など
	土地に有する権利	地上権、借地権、耕作権など
	家屋	自用家屋、貸家、工場、倉庫、門、塀、庭園設備など
	構築物	駐車場、広告塔など
	事業用・農業用財産	減価償却資産（機械、器具、備品、車両など）、商品、製品、半製品、原材料、農産物、営業上の債権、牛馬、果樹、電話加入権、営業権など
	預貯金・有価証券	現金、各種預貯金、株式、出資金、公社債、証券、投資信託等の受益証券など
	家庭用財産	家具、什器備品など
	その他	宝石、貴金属、書画・古美術品、自動車、電話加入権、立ち木、貸付金、未収金（地代、家賃、給与、賞与など）、配当金、ゴルフ会員権、特許権、著作権など
みなし相続財産		相続開始前3年以内に被相続人から譲り受けた財産
生前贈与財産		生命保険金等、死亡退職金等
相続時精算課税適用財産		相続時精算課税制度の適用を受けた贈与財産

相続税がかからない財産

祭祀関係	墓地、墓碑、仏壇、仏具、祭具など
生命保険金	相続人が受け取った保険金のうち「500万円×法定相続人の人数の金額」までは非課税
退職手当金等	相続人が受け取った退職手当金等のうち「500万円×法定相続人の人数の金額」までは非課税
公益事業用財産	宗教、慈善、学術など公益を目的とする事業を行う人が取得し、公益事業用に使う財産
心身障害者の給付金	心身障害者扶養共済制度に基づく給付金の受給権
寄付金	相続税の申告期限までに、国、地方公共団体、特定の公益法人、特定の非営利活動法人へ寄付した財産

第4章 届け出と手続き

金融機関での相続手続き

相続が発生したらまずは各金融機関へ連絡を

多くの人が、銀行をはじめ金融機関に口座を持っていますから、契約者が亡くなり相続が発生した際は、速やかに各金融機関に伝えましょう。すると口座が凍結され、入出金などができなくなります。そのため公共料金など、口座振替で引き落とされているものについては、相続人の口座から引き落としできるよう名義変更する必要があります。

相続の手続きや必要な書類に関することなどは、最初に相続発生の連絡をした際に、各金融機関に確認してもよいでしょう。

残高証明を請求する

被相続人が所有する口座の残高などは、その通帳で確認することができます。しかし、記帳がされていない場合などは、残高証明の開示を請求しましょう。残された通帳や金融機関からの郵便物では分からなかった財産が見つかることもあります。この残高証明書は、相続税の申告や相続財産額を確認する際にも必要になるものです。

なお、残高証明・取引履歴の開示・照会請求は、相続人の一人からでも可能です。

口座の相続手続きに必要な書類を受け取る

相続手続きの際、多くの金融機関で所定の届出用紙の提出を求められます。窓口あるいは郵送で所定の用紙などを受け取っておくと、その後の手続きもスムーズに進みます。

ゆうちょ銀行の相続手続きも他の金融機関と同様に

まずは、最寄りのゆうちょ銀行または郵便局の貯金窓口で相続確認表を受け取り、必要事項を記入後、書類を受け取った窓口に提出します。

相続確認表を提出後、約1〜2週間で代表相続人に「必要書類のご案内」が届きます。戸籍謄本や印鑑証明書など、記載されている書類を準備し相続の手続きを済ませるようにしましょう。

残高証明・取引履歴の開示・照会請求の一般的な手続き

提出先	各金融機関
提出人	相続人など
必要書類	請求書、相続関係が確認できる戸籍謄本、法定相続情報証明など
手数料	金融機関所定の手数料

口座の相続手続きに必要な書類の一覧

共通して必要なもの	相続人の身分証明書、通帳、カード、貸金庫の鍵など
遺言がない場合に必要なもの	相続届、戸籍謄本、法定相続情報証明、相続人全員の印鑑証明書、協議が成立している場合は遺産分割協議書など
遺言がある場合に必要なもの	相続届、遺言書、戸籍謄本、払い戻しを受ける者の印鑑証明書など

122

●金融機関での相続手続き

第4章 届け出と手続き

続確認表を提出した窓口に提出します。

代表相続人の通常貯金口座に相続払戻金が入金されるのは、書類提出後1～2週間程度です。代表相続人が通常貯金口座を持っていない場合は、最寄りのゆうちょ銀行・郵便局の貯金窓口で口座を開設します。なお、払戻証書、名義書き替え済みの通帳等を簡易書留郵便で送ってもらうことも可能です。

貯金の有無が不明な場合

被相続人名義の貯金の有無や、記名番号が不明な貯金がある場合は、貯金窓口にある貯金等照会書を提出します。その際、戸籍謄本などで相続人であることを証明する必要があります。

■ ゆうちょ銀行の相続確認表の書き方

123

第4章
届け出と
手続き

不動産の相続手続き

管轄する法務局で名義変更する登記を申請

被相続人が不動産を所有していた場合、被相続人の名義から譲り受けた相続人の名義に変更する、移転登記の手続きが必要です。

不動産の名義変更を行うには、管轄する法務局に必要書類とともに登記申請書を提出します。同居していた被相続人所有の不動産を引き継いでそのまま住む場合、または売却する予定がある場合でも、一度この手続きを行わなければなりません。郵送による申請も可能ですが、持参すれば相談

窓口で申請前に相談することもできます（※法務局の窓口での登記相談は予約制です。相談を希望する際は、事前に電話で予約が必要です）。

登記申請書の様式は、法務局のホームページに掲載されていますが、個人で行うには煩雑で、法務局に通い詰めるケースもあるようです。司法書士などの専門家に任せることをお勧めします。

※2024年4月から相続登記は義務化されました。

土地や建物の名義変更までの流れ

1 登記の申請

遺言書または遺産分割協議書に基づき登記申請書を作成し、戸籍謄本など必要な書類をそろえて、管轄する法務局へ提出。代理人が提出する場合は委任状が必要。

2 登記の審査

提出書類に不備があった場合、呼び出しを受けることもある。登録免許税は収入印紙を申請書に貼り付けて納める方法が一般的。

3 登記の完了

指定の日に法務局に出向き、結果を確認。問題がなければ完了。登記完了までは、申請から1〜2週間程度かかる。申請人ごとに「登記識別情報通知」が発行されるので、大切に保管しておく。

登記申請書の手続きの方法

提出する人	土地や建物を相続した人（代理人でも可）
提出先	登記しようとする不動産所在地を管轄する法務局
提出期間	不動産を相続で取得したことを知った日から3年以内 ※正当な理由がないのに相続登記をしない場合、10万円以下の過料が科される可能性があります。
必要書類等	・登記申請書 ・被相続人の出生から死亡までの戸籍謄本、除籍謄本 ・相続人の戸籍謄本、住民票 ・遺産分割協議書、遺言書 ・相続人の印鑑証明書 ・固定資産税評価証明書など ・代理人が申請する場合は委任状
費用	登録免許税：固定資産税評価額の1000分の4 　　　　　：相続人以外への遺贈の場合は1000分の20 ※相続により土地を取得した方が相続登記をしないで死亡した場合の登録免許税の免税措置や不動産の評価額が100万円以下の土地に係る登録免許税の免税措置があります（2025年3月31日まで）。

124

●不動産の相続手続き

第4章 届け出と手続き

登記申請書の作り方

※相続人である子2人が遺言により、相続財産中の不動産をそれぞれ2分の1ずつ相続した場合の記載例
※申請書の様式については、法務局のホームページをご確認ください

※受付シールを貼るスペースになります。この部分には何も記載しないでください。

登 記 申 請 書

登記の目的　　所有権移転
原　　因　　令和6年○○月○○日　相続
〔被相続人が亡くなった日（戸籍上の死亡日）を記載〕
相 続 人　　（被相続人　　島根　太郎）
〔被相続人（故人）の氏名を記載〕
　　　　　　島根県松江市○○町1-2-3
　　　　　　（住民票コード　12345678901）
〔住民票コードを記載した場合、添付情報（住民票の写し）の提出を省略することができる〕
　　　　　　（申請人）持分2分の1　　　島根　義男　㊞
　　　　　　出雲市○○○○7-8-9
〔認め印でOK〕
　　　　　　（申請人）持分2分の1　　　相続　桃子　㊞
　　　　　　連絡先の電話番号　000-000-0000
添付情報　　登記原因証明情報　　住所証明情報
　　　　　　□ 登記識別情報の通知を希望しません。
令和6年9月30日申請　　○○法務局（または地方法務局）○○支局（または出張所）

課税価格　　金2,000万円
〔固定資産の評価額を記載。1,000円未満は切り捨て〕
登録免許税　金80,000円
〔登録免許税（課税価格の0.4%）記載。100円未満は切り捨て〕
不動産の表示
　不動産番号　1234567890123
　所　　在　松江市○○町
　地　　番　23番
　地　　目　宅地
　地　　積　123・45平方メートル
〔登記の申請をする不動産を、登記記録（登記事項証明書）に記録されている通りに正確に記載〕

　不動産番号　0987654321012
　所　　在　松江市○○町23番地
　家屋番号　23番地
　種　　類　居宅
　構　　造　木造かわらぶき2階建
　床　面　積　1階　43・00平方メートル
　　　　　　2階　21・34平方メートル
〔不動産番号を記載した場合は、土地の所在、地番、地目および地積（建物の所在、家屋番号、種類、構造および床面積）の記載を省略してもよい〕

第4章
届け出と
手続き

株式など有価証券の相続手続き

故人が口座を持っていた証券会社などに連絡を

NISA（少額投資非課税制度）などによる関心の高まりもあり、近年では株式や投資信託商品を保有している人も増えているようです。株式など有価証券の相続手続きも、基本的には銀行などの金融機関と手続きの流れは同じです。まずは故人が取引していた証券会社や信託銀行へ連絡し、相続に関しての資料の請求と、必要な手続きについて確認しましょう。

一般的な流れとしては、証券会社などに連絡すると、案内と必要書類が郵送されてきます。送られてきた書類を確認し、戸籍謄本や住民票、印鑑証明書などの書類を証券会社などに提出すると、相続人の口座に証券類が振り替えられることになります。

●証券会社を通していない株式を保有していた場合

故人が証券会社を通していない会社の有価証券を保有していた場合は、その有価証券を発行している会社に相続手続きの方法について、直接確認しましょう。

●自社株を保有している場合

故人が事業主として会社を経営し、自社株を保有していた場合は、まずは会社関係者に連絡をしましょう。会社の規模を問わず、株式について所定の手続きは必要です。

故人名義のまま事業の承継や清算には、会社法や税務など、専門的な知識が必要なので、速やかに会社の顧問税理士などに相談するようにしましょう。

株式などの売却は名義変更してから行う

相続した株式をそのまま保有せず、売却して現金として受け取りたい場合も、いったん相続した株式などの有価証券は、相続人名義の口座（所有していない場合は、新たに証券会社などに口座を開設）に移す手続きを行います。故人名義のままで売却することはできません。

株式など有価証券相続の手続き

届け出人	相続人
届け出先	各証券会社など
期　限	速やかに
必要書類等	※証券会社ごとに必要書類は異なる。 　下記は一般的に必要なもの ・各証券会社で用意している届け出書 ・遺言書や遺産分割協議書 ・被相続人の除籍謄本 ・相続人全員の戸籍謄本 ・相続人全員の印鑑証明書など
注意点	故人宛ての郵便物、通帳の履歴などから有価証券の有無を確認すること。そのまま保有または売却したい場合でも、相続人名義の証券用口座を開設する必要がある。

126

● 株式など有価証券の相続手続き
● 自動車・ゴルフ会員権などの相続手続き

第4章
届け出と手続き

自動車・ゴルフ会員権などの相続手続き

第4章 届け出と手続き

故人の愛車も相続財産の一つ

うっかりしていた……という相続の一つが自動車の引き継ぎです。故人の愛車を相続したときは、相続人の名義に変更するため移転登録という手続きが必要です。その後に廃車、もしくは売却するにしてもこの手続きが必要になるので、なるべく速やかに行いましょう。

所有の仕方、車両で異なる手続き

故人が車をどのように使用していたかによって、相続手続きは異なります。

例えば、故人が車の所有者ではなく使用していただけの場合は、移転登録ではなく変更登録という手続きになります。不明の場合は手続きの際に、管轄する運輸局に問い合わせるのが確実です。

書類の記入方法などについては、管轄する運輸者ではなく使用していた局で確認することができます。購入先の自動車販売店が手続きを代行してくれることもあるので、まずは問い合わせてみてもよいでしょう。また、

被相続人と相続人の住所地が異なる場合は、車庫では手続き先が異なります。普通車は管轄する運輸局、軽自動車は管轄する軽自動車検査協会で、故人がゴルフ場やリゾートホテルなどの会員権を所有していた場合は、そうした会員権も相続の対象になります。まずは

被相続人の車庫を、同居する相続人が継続して使用する場合は必要ありません。

また、普通車と軽自動車では手続き先が異なり、普通車は管轄する運輸局、軽自動車検査協会は管轄する軽自動車検査協会で異なるので事前に確認しておきましょう。

ゴルフ場やリゾートホテルの会員権の相続は

趣味やお付き合いなどで、故人がゴルフ場やリゾートホテルなどの会員権を所有していた場合は、名義変更の手続きを求められることになります。

また、そうした権利を売却する場合でも、いったん相続人名義への変更、あるいは相続に関わる人全員の同意が必要です。

いずれの手続きにも、名義変更の届け出書、相続関係を証明する戸籍謄本、相続人全員の印鑑証明書などが求められることになります。

ゴルフ場やリゾートホテル、もしくはそれらの管理会社に連絡し、手続きについて確認しましょう。特にリゾート地においては、不動産の所有権を共有している可能性もあります。その場合は、名義変更の手続きを求められることになります。

自動車の移転登録申請の手続き（普通車の場合）	
※軽自動車は普通車に比べ必要書類が簡素化されているので、管轄する軽自動車検査協会に問い合わせましょう。	
届け出人	相続人
届け出先	管轄する運輸局
期限	速やかに
必要書類等	・被相続人の除籍謄本 ・相続人の戸籍謄本 ・相続人全員の印鑑証明書 ・遺産分割協議書または自動車の査定書と遺産分割協議成立申立書（※自動車の査定価格が100万円以下の場合） ・自動車検査証（車検証） ・車庫証明など
注意点	自動車の旧所有者（被相続人）と、新所有者（相続人）の申請住所が異なる場合は車庫証明を忘れずに。

127

第4章
届け出と手続き

相続税の申告と納付

相続したら税金を支払うものと思われがちですが、相続財産が基礎控除を下回る場合には、申告・納税の必要はありません。もちろん、プラスになった場合は、申告・納税を行う義務があります。

申告・納税は被相続人の住所地の税務署へ

相続財産が確定したなら、相続税を計算し申告・納税します。申告・納税は相続を知った日の翌日から10カ月以内です。

申告および納付先は、相続人の住所地ではなく、被相続人が亡くなったときの住所地を管轄する税務署となります。

申告に当たり、まず遺産総額を計算する必要がありますが、遺産の中には土地や建物など価格の分かりにくいものもあるので、一般的には公認会計士、税理士などに依頼することが多いようです。

税務署に申告すれば被相続人の配偶者は相続税が軽減される

被相続人の配偶者に税額軽減が適用され、次の二つのうちのどちらか有利な条件までは税金はかかりません。

● 取得財産の課税価格が、1億6千万円以下
● 取得財産の課税価格が、法定相続分以下

の場合

相続税の基礎控除について

相続税の基礎控除額の計算は、「3000万円＋600万円×法定相続人の数」となります。これを基に、例えば妻と子（2名）の計3名が法定相続人になった場合の基礎控除額は、129ページ上図の通りです。

課税価格がこの条件を超えた場合でも、超えた部分が相続税の対象となるため、かなり減額されることになります。

また、次の四つのケースでも税額が控除されます。

● 相続人が未成年者や障害者であった場合
● 相続前3年以内（令和6年1月1日以後の贈与から相続前7年以内）に贈与を受けた特別受益分において贈与税を納めている場合
● 短期間のうちに相続が続いた場合
● 国外にある財産を取得し、国外でも課税された場合

相続税を期限までに納付できない場合

相続税の納付期限は相続を知った日の翌日から10カ月以内です。万が一、期限までに納付が不可能な場合は、申告期限以内に次のような手続きをしなければなりません。

延納手続き

納税の期間を延ばし、何年かにわたり分割して納めます。ただし利子がかかります。

物納手続き

取得した財産が換金しにくく、金銭で納付することができない場合は、相続した財産の現物で納めるようにします。

相続した財産が土地ばかり、または多額の株式を相続することになった……などの理由で、納付期限までに相続税を納められない場合も現実にあるようです。

128

相続税の申告と納付

●相続税の税率（速算表） ※平成27年1月1日以降の相続

法定相続分に応じた取得金額	税率	控除額
1,000万円以下	10%	—
1,000万円超～3,000万円以下	15%	50万円
3,000万円超～5,000万円以下	20%	200万円
5,000万円超～1億円以下	30%	700万円
1億円超～2億円以下	40%	1,700万円
2億円超～3億円以下	45%	2,700万円
3億円超～6億円以下	50%	4,200万円
6億円超	55%	7,200万円

基礎控除額は法定相続人が何人かにより異なります。例えば、5,000万円の財産を相続した場合においても、相続人が3人以下の場合は相続税の申告が必要ですが、4人以上の場合は相続税の申告は不要です。

相続税の計算方法

相続税は課税遺産総額にかかるものですが、課税遺産総額から計算するものではなく、法定相続人の人数で分けてから計算します。

妻と子2名（基礎控除額4,800万円）の相続税の計算方法

※遺産額7,800万円の場合（法定相続分で全て分割の場合）

1 実際の課税価格を計算
遺産額7,800万円 − 基礎控除額4,800万円 = 3,000万円

2 法定相続分に基づき相続税額を計算
- 妻　　3,000万円 × 法定相続分2分の1 = 1,500万円
- 子(A)　3,000万円 × 法定相続分4分の1 = 750万円
- 子(B)　3,000万円 × 法定相続分4分の1 = 750万円

※課税遺産総額を法定相続分でいったん案分する。妻は2分の1、子は4分の1

3 相続税の総額を計算
- 妻　　1,500万円 × 15% − 50万円 = 175万円
- 子(A)　750万円 × 10% = 75万円
- 子(B)　750万円 × 10% = 75万円
- 175万円 + 75万円 + 75万円 = 325万円

※上記、相続税速算表の税率を掛け、控除額を差し引いた額を合算し相続税の総額を算出

4 実際の相続割合に応じて相続税の総額を案分
- 妻　　325万円 × 法定相続分2分の1 = 1,625,000円
- 子(A)　325万円 × 法定相続分4分の1 = 812,500円
- 子(B)　325万円 × 法定相続分4分の1 = 812,500円

5 納税額
- 妻　　= 0円
- 子(A)　= 812,500円
- 子(B)　= 812,500円

※妻は配偶者の税額軽減を適用　※子はそれぞれ812,500円の相続税となる

第4章　届け出と手続き なんでも Q & A

Q もしも想定外の相続人が存在したら？

A 被相続人が亡くなったときの戸籍謄本を取得した結果、家族がその存在を知らなかった相続人がいる場合がまれにあります。これまで何も関わりがなかったとしても、相続人としての権利は存在するのです。そのため、遺産分割協議が必要な場合は、その相続人と連絡を取る必要が出てきます。

相続は相続人全員の合意や署名を必要とする手続きが多くあります。もちろん、遺産分割協議も相続人全員で協議をまとめなければいけません。場合によっては弁護士などの第三者に依頼して協議を進めるようにし、相続人全員の協力を得られるようにするべきでしょう。

Q 故人が残したデジタルデータはどう扱えばいいの？

A SNSのアカウントや画像、連絡先などのデジタル遺品の大半が、パソコンやスマートフォンに保存されたままになっているようです。そうしたデータは場所をとるものではないため、残された家族も内容の確認まで気が回らないというところもあるでしょう。

ですが、そのまま放置しておいていいものばかりではありません。残されたデータから個人情報が流出しないとも限りません。仮に故人がネット銀行やネット証券で取り引きしていた場合、それらの口座にある現金や株式は全て相続財産になります。しかし、そうした取り引きはインターネット上で行われるため、遺族が口座の存在を把握できていないケースも珍しくないのです。まずはデジタル遺品の内容をきちんと把握・整理すべきです。個人で難しい場合は、パソコンの専門業者等に相談しましょう。

また、デジタル遺品の有無や内容に関する意思を家族で共有するためにも、エンディングノート等を活用することをお勧めします。

Q もしも相続税の申告をしなかったら？

A 期限内に申告しなかった場合は相続税とは別に「無申告加算税」が課せられます。

①自主的に申告した場合は、納付税額の5％

②申告期限後に税務調査を受けてから申告した場合は、納付税額50万円までは15％、50万円を超え300万円以下の部分に対しては20％、300万円を超える部分に対しては30％

ペナルティーを受けることのないよう、くれぐれも申告期限は守るようにしましょう。

なお、過少申告の可能性が考えられる場合には税務調査が入りますが、過大に税金を支払っていたとしても、その旨が税務署から連絡されることはありません。還付を受ける必要がある場合は、納税者側から更正の請求をしなければいけません。

130

第5章 参列のマナー

- 不幸の知らせを受けたら
- 香典について
- 弔電・供物・供花について
- 服装とヘア&メークについて
- 通夜に参列したら
- 受け付け・記帳について
- 仏式拝礼について
- 神式拝礼について
- キリスト教式について
- 葬儀・告別式に参列したら
- 法要に招かれたら
- 参列のマナー なんでもQ&A

第5章 参列のマナー

不幸の知らせを受けたら

危篤の知らせを受けたら

危篤であることを知らせるのは、身内と親族をいち早く親しい友人・知人に限られます。「できれば死に目に会わせてあげたい」との家族の気持ちを考え、たとえ深夜であっても交通手段があるならば、可能な限り駆け付けることが大切です。また連絡を受けたときには、病人の容体などを細かく聞くことはしないのが作法です。

遠方であれば地味な色合いの平服で

遠方から駆け付ける場合は、万が一の事態も考えられるので、喪服や香典の準備も必要です。ただし、家族の目に触れないようにコインロッカーに預けるなどの配慮をします。駆け付けるときの服装は、派手でなければ平服で構いません。女性の場合はアクセサリー類は外します。

死亡の知らせを受けたとき

死亡の連絡を受けたときは、故人との関係によって対応の仕方が変わります。出雲地方の一部では「おどろき悔やみ」と呼び、平服で駆け付けます。

近親者の場合

遺族から知らせを受けたら、何をおいても駆け付け、通夜や葬儀の準備を手伝う気持ちで出掛けます。葬家には、多くの人が出入りして取り込んでいるはずなので、短い言葉でお悔やみを述べ、場所などを確認し通夜に出席します。

友人や知人の場合

故人と特に親しく、遺族とも面識がある場合は、近親者と同じようにすぐに駆け付け、手伝いなどを申し出ます。親しくても遺族と面識がなく、それほど親しい関係がなかった場合はすぐに弔問せず、通夜や葬儀の日程、場所などを確認し通夜に出席します。

上司や同僚・部下の場合

社内の規定があればそれに従います。直属の上司や親しい同僚、部下の場合も個人の判断による勝手な行動は慎みます。面識がある場合は、できるだけ早く弔問します。それほど親しくない場合は、通夜や葬儀に参列します。

近所の人の場合

親しいお付き合いをしている場合は、すぐに駆け付け、お悔やみを述べ、手伝いを申し出ます。ただし、表立ったことより、台所仕事や子守、買い物など、友人で、故人や遺族とも特別に親しくしている

友人の家族の場合

●不幸の知らせを受けたら

第5章　参列のマナー

情がありすぐに弔問できないとき、また通夜や葬儀にも参列できない場合は代理の人に弔問してもらうか、とりあえず電話でお悔やみを述べる、弔電を打つ、手紙を書くなどの方法で気持ちを伝えることが大切です。後日、都合が付き次第、電話で遅れたお詫びをして先方の都合を確認した上で弔問に伺います。いずれも

また、食器や座布団などの提供が遺族にとってありがたい場合がありますので、遠慮せずに申し出ます。あまり交際がない場合は、玄関先での弔問にとどめておきます。

弔問できない場合は、まず電話で

訃報を受けながら、事

などの裏方に徹します。

故人との付き合いの深さによって判断します。

ないことを理解しておきたいものです。電話口にわざわざ遺族を呼び出してもらうのは控えましょう。応対に出た人にお悔やみの言葉を伝えてもらい、葬儀の日程などを聞くだけにとどめます。

弔問に行けないからといって電話だけで済ますのは非礼に当たります。遺族は悲しみの中、通夜や葬儀の準備で気も動転しており、電話に応対する精神的、時間的余裕が

ただし電話だけで済ますのは失礼

は、遺族に事情を話して欠礼を詫び、霊前にお参りします。また、遺族が故人の交友関係をすべて把握しているとは限りません。慌ただしさの中で連絡が漏れて、訃報が届かない場合もあるかもしれません。その場合は深く考えず、弔問に駆け付けましょう。

訃報を後で知ったときには

訃報を後で知った場合

故人の枕元に両手をついて一礼

そのままの姿勢で故人と対面し、深く一礼

合掌

少し下がって遺族に一礼

故人との対面のしかた

お悔やみの言葉文例

　ご尊父様のご逝去、誠にご愁傷さまでございます。謹んで哀悼の意を表します。

　先日、お会いした折には、あれほど元気そうなご様子でしたのに、容体が急変されてしまったとは、とても信じられません。お嘆きのあまり、お体に障りがないよう、ご自愛のほどを。

133

第5章 参列のマナー

香典について

先方の宗教に合わせて選ぶ不祝儀袋

市販品には略式的なものから、高級和紙を使用した豪華なものまでありますが、先方の宗教や間柄、包む金額に見合ったものを選びましょう。その際、宗教によって種類や表書きが異なるので注意が必要です（下記イラスト参照）。また、不祝儀袋の名前は薄墨で書くのが正式。弔事用に薄墨の筆ペンも売られています。

香典の包み方の基本

香典として包む紙幣は、以前は新札だと不幸を予測し、準備していたと思われるので避けるとされていましたが、今では新札を包んでも問題ないという傾向にあります。もし新札が気になるようなら、一度折って折り目をつけてから包んでも構いません。

表向きにした中包みに対し、お札は向きをそろえ、裏向きにして入れます。中包みの封筒の表に金額を書くか、裏に金額を書く欄があればそこに記入します。住所・氏名も左下に必ず書きましょう。

香典はふくさに包んで持参

香典を持参するのは通夜の席。通夜に出席しないときは葬儀・告別式に

通夜・葬儀での表書きと中包みの書き方

仏式

神式

仏式
（浄土真宗を含む）

各宗教共通
（浄土真宗を除く）

キリスト教式

裏側
上の折り返しを
下にかぶせる

「香典」と一緒に「志」を用意することも
親族については、香典以外に「志（こころざし）」を用意する地域もあるようです。
金額は1,000円〜2,000円程度で、香典と一緒に差し出します。

134

●香典について

第5章 参列のマナー

香典の最多回答額	
祖父母	30,000円
両親	50,000円
兄弟姉妹	30,000円
おじ・おば・親戚	10,000円
職場関係	3,000円
取引先関係	3,000円
友人・その家族・ご近所	3,000円

※山陰中央新報社がアンケートを実施し、島根県内の出雲、石見、隠岐各地の計287世帯から回答を得た
※アンケートでは金額を書き込んでもらい、最も多かった額を集計した
※香典のほかに、お供え、生花、かごなどを供えるケースもあり

参列するときは、香典を持参するのが一般的

参列するとき、というのが一般的です。香典を差し出すときには、香典袋をバッグやポケットの中からむき出しのまま差し出すのは無作法になりましょう。ふくさか、なければ紺や紫、グレーなどの地味な色の小さなサイズの風呂敷に包んで持参します。最近では台紙が入った慶弔両用の略式ふくさもあるので、一つ用意しておくと便利です。

参列できない場合は、香典を郵送する

通夜、葬儀・告別式にさまざまな事情で参列ができない場合は、できるだけ弔電を打ち、なるべく早めに香典を郵送しましょう。郵送する際の香典は、持参するときと同様に不祝儀袋に包み、現金書留封筒で送ります。郵送の場合も不祝儀袋には表書き、氏名、金額を記入しますので、簡単でよいので参列できないお詫びとお悔やみの言葉を記した手紙も同封しましょう。

弔事用ふくさのたたみ方

ふくさを斜めにし、香典袋の表を上にして中央に置く

点線の部分を中央に向けて折る

下側、続いて上側の順に折る

最後に左側を折る ツメがある場合は裏側で留める

連名(2、3名)の場合
2名の場合は中央に並べて書き、3名の場合は中央から左へ目上の人から順に書く。

連名(4名以上)の場合
表書きには「○○一同」のような総称を書き、中に右から順に目上の人から姓名を記した紙を入れる。

中包み
表側に書く金額は「一を壱」「三を参」と書くのが正式。裏側に書く住所と氏名は、葬家の香典の整理に必要なので忘れずに。

第5章 参列のマナー

弔電・供物・供花について

弔問できないときは弔電を打つ

遠方に住んでいたり、さまざまな事情で通夜、葬儀・告別式に参列できない場合は、香典を郵送すると同時に、喪主宛に弔電を打ちましょう。

弔電の宛先は、原則として喪主にします。しかし、喪主が分からないときは「故〇〇〇〇様ご遺族様」とします。弔電は告別式で読み上げられることもありますから、できるだけ音読で分かりやすい言葉を使うように心掛けましょう。また、必ず発信者の氏名をフルネームで入れます。

1月3日は配達員による配達は不可）。夜間に訃報を受けた場合は、24時間受け付けているインターネットから申し込みましょう。

そのほかには郵便局で受け付ける「レタックス」もあります。いずれも、メッセージは弔電用の文例から選ぶか、自分の言葉を付け足し作成します。その際は、忌み言葉を使わないよう注意が必要です。

弔電を送るには

弔電の主な申し込み方法は、次の通りです。

● NTT西日本の「115番」へ電話する
● NTT西日本電報お申込みサイト「D-MAIL」から申し込む

電話での受け付けは、午前8時～午後7時まで。午後2時までの申し込み完了で当日配達も可能です（年末年始12月31日～

アドバイス「忌み言葉」

忌み言葉は不幸が続くのを避けたい、との思いから配慮される言葉です。また相手の宗教にふさわしくない言葉もあります。忌み言葉は弔問時だけでなく手紙や弔電にも使わないように気をつけましょう。

重ね言葉	続くことを連想させる言葉	直接的な表現
「重ね重ね」「重々」「いよいよ」「再三再四」「たびたび」「またまた」「ますます」「返す返すも」など。たとえば「返す返すも残念」は「誠に残念」と言い換えます。	「再び」「続く」「なお」「追って」など。	「死ぬ」「死去」「死亡」「生きる」「存命中」など。「死去、死亡」は「ご逝去」に、「存命中」は「ご生前」と言い換えます。

大げさな表現 不吉な表現	宗教によって使わない言葉
「とんだこと」「とんでもないこと」「浮かばれない」「四（死）」「九（苦）」など。	「供養」「成仏」「往生」などは仏教用語なので、仏式の弔事だけに使う言葉です。

136

●弔電・供物・供花について

第5章 参列のマナー

供物・供花は葬家と関係が深いときに

供物や供花は故人の霊を慰めるために霊前に供えるものです。地域により違いはありますが、故人や葬家とかかわりが深い場合に贈ることが多いようです。

供物は仏式では線香、ろうそく、果物、菓子類などが一般的ですが、故人が好きだったものを贈っても構いません。

供花には、花輪や生花などを贈ります。花輪を贈る際には会場やスペースの関係、故人の遺志で断っている場合もあるので必ず葬家側に確認をとります。生花や供物も祭壇に飾るものなのでやは

り葬家に確認をとります。了解がもらえたら生花店や葬儀社に連絡し通夜前に届くように依頼します。社葬など大型葬で供花（生花）の金額を統一することがあります。依頼する際には希望に合わせることも大切です。

神式の場合

神式では供物に関してしきたりがある場合があるので葬家に問い合わせるのがよいでしょう。

キリスト教式の場合

葬儀がキリスト教式で教会で執り行われる場合は、生花しか用いられないので生花を贈ります。花の種類は洋花のみとします。宗派・教会ごとに習わしがあるため教会へ確認します。供物は弔事用の包装に不祝儀の掛け紙をして表書きは「御霊前」または「御供物」と

記し、水引の下に贈り主の氏名を書きます。

供物・供花を辞退されたら

故人の遺言や斎場の都合などの理由から、近年では供物や供花を辞退する葬家も増えてきているようです。

そのため、通夜・葬儀などの通知で「供物・供花の儀はご辞退申し上げます」とあるときは、葬家側の意向を尊重しなければなりません。

弔電用台紙には、プリザーブドフラワーをはじめ、漆や七宝、押し花、刺しゅうなどを施したものがあります（税抜き価格670円〜18,500円程度）。その他無料の台紙もあります。

NTT西日本の弔電文例集

●文例番号：7513
○○○様のご逝去を悼み、謹んでお悔やみ申しあげますとともに、心からご冥福をお祈りいたします。

●文例番号：7523
ご尊父様のご逝去を、心よりお悔やみ申しあげます。在りし日のお姿を偲びつつ、ご冥福をお祈りいたします。

●文例番号：7535
ご母堂様のご急逝を悼み、謹んでお悔やみ申しあげます。いつも、お優しかったお顔を思い出し、まだ信じられない気持ちです。心よりご冥福をお祈りいたします。

●文例番号：7604
突然の悲報に接し、動揺のあまり声も出ませんでした。ご遺族の方々のお悲しみはいかばかりかとお察しいたします。心からご冥福をお祈りいたします。

※電報の利用には、電報台紙料金以外にページ数に応じた電報（メッセージ）料が必要です。
※電報（メッセージ）料には、消費税がかかります。

第5章 参列のマナー

服装とヘア＆メークについて

男性はダークかブラックスーツを

黒（ブラックスーツ）か濃紺もしくは濃いグレーのダークスーツを着ていきます。ワイシャツは白で、黒のネクタイを結び下げます。ワイシャツは白で、黒のネクタイを結び下げます。ネクタイピンは着けません。靴と靴下も黒無地で統一します。

会社や出張先から直行する場合は平服でも構いませんが、黒のネクタイや黒の靴下を身に着けるようにします。なお、腕章は本来親族が着けるものなので、会葬者が着ける必要はありません。

黒か濃紺のスーツ

白いワイシャツ

靴と靴下も黒無地

ネクタイピンは×
腕章や喪章も×

女性の洋装・和装の装いについて

通夜の弔問や一般の会葬者として参列する場合は略礼服で構いません。デザインが派手なものを避け、黒、紺、グレー、茶、紫などの地味な色合いのスーツやワンピースを用意します。黒のブラウスとスカート、黒のジャケットにスカートの組み合わせでも大丈夫です。パンツもカジュアル過ぎないものであればOKです。

和装の場合

和装の場合の正式礼装は、黒無地染め五つ紋付きで、小物も黒でそろえます。略礼装は地味な色無地の一つ紋、三つ紋の着物に黒の喪帯を締めます。足袋の白以外は、帯揚げ、帯締めも黒にします。草履やバッグも黒で統一します。

洋装の場合

138

● 服装とヘア＆メークについて

第5章 参列のマナー

和装 — 黒で統一
洋装 — 略礼服でOK／派手なデザインは避ける／カジュアル過ぎなければパンツでもOK
職場から直行の場合でもなるべく黒っぽいジャケットなどを羽織る

髪形はシンプル／メークは控えめ

中学生や高校生は制服で

髪形はシンプルに メークは控えめに

髪形はシンプルにまとめるのが基本。ロングヘアはきちんとまとめ、髪飾りはできるだけ避けます。着けるときは光沢のない黒のリボンやバレッタでまとめます。メークもできるだけ控えめに。ファンデーションやナチュラルカラーの口紅にとどめておきましょう。マニキュアは落とすことを忘れずに。

小物・アクセサリーは最小限に

結婚指輪以外は原則的に着けないのがマナーです。どうしても身に着けたいときは、光るものは避けてください。真珠やブラックオニキスなどの一連のものや一粒タイプのイヤリングを選びましょう。重なることを嫌う弔事では二連のものを避けます。バッグ、履物は和装、洋装ともに黒にします。

子どもは制服があればそれでOK

外出着で比較的地味な色合いのものを身に着けさせます。男の子は通園・通学用の制服があれば、それで構いません。女の子は落ち着いた色合いのワンピースなどにします。

靴はできるだけ黒でシンプルなデザインのものを用意してください。中学生や高校生は男女ともに学校の制服があれば、それが正式礼装になります。

第5章
参列の
マナー

通夜に参列したら

本来、通夜は親しい
人たちの儀式

通夜は遺族や親しい友人、知人など故人と深いかかわりを持つ人たちが集まり、夜通しで故人との最後の別れを惜しみ、故人の霊と遺族を慰めるためのものです。

しかし、最近は午後6時か7時ごろから始まり、通夜に参列しても9時すぎには終わる「半通夜」が多くなりました。このため、仕事を休まずに出席できる通夜を葬儀と同じようにとらえ、故人とお別れをする場と考える人も増えています。

葬儀に参列
できなければ通夜に

一般的には、遺族から通夜の日程を知らされた場合には、通夜に参列し、葬儀・告別式にも参列します。しかし、それほど親しい関係ではなく、都合でどうしても葬儀に参列できないのであれば、通夜に参列して弔意を表すのがよいでしょう。通夜への出欠を迷うときには、近親者や葬儀の世話役などに相談してみるのも一つの方法です。

会場には早めに
着くように

通夜では、遅くても開始の10分ほど前に会場に着くように心掛けます。受付で記帳し、「このたびはご愁傷さまです」とお悔やみの言葉とともに香典を差し出します。通夜では僧侶の読経、遺族・親族・参列者の焼香、僧侶の法話、喪主のあいさつなどが続きます。ひと通り儀式が進み僧侶が退出し終えると、その後通夜振る舞いが始まります。

通夜が始まる前や通夜振る舞いの席などで、遺族にお悔やみや慰めの言葉をかけてあげたいと思うことがあるでしょう。

しかし、遺族は多くの弔問客に対して同じように接しなければならない立場です。お悔やみの言葉は長々と話し続けることを避け、状況に応じて簡潔に済ますのが礼儀です。会話では忌み言葉(15８ページ参照)に気を付け、こちらから故人の病状や死因について、あれこれと尋ねることは控えます。

通夜振る舞いは
受けるのが作法

葬儀後に喪主が簡単な料理と飲み物を出し弔問客をもてなす通夜振る舞いは、弔問に対するお礼の場です。お悔やみの言葉とお清め、そして故人の供養のために行われるものです。誘われたときは遠慮せずに席に着き、一口でも箸をつけるのがマナーです。途中で退席するときには、周囲の人に「お先に失礼します」と述べて静かに帰りましょう。

お悔やみの言葉に
気を付ける

遅れて着くのは
マナー違反です。

- 通夜に参列したら
- 受け付け・記帳について

第5章 参列のマナー

受け付け・記帳について

会場に着いたらまずは受け付けを

通夜・葬儀会場に着いたらまず受け付けをします。受付所では簡単なお悔やみの言葉を述べ、香典を差し出して会葬者名簿に記帳します。通夜に訪れて香典を供えている場合は記帳だけにします。故人と仕事上の関係があり、名刺を差し出したほうがよい場合は名刺を差し出します。

また、会葬者名簿ではなく芳名カード形式の場合は、記帳台で記入し、香典と一緒に差し出します。

代理で参列したときの記帳は

通夜、葬儀・告別式に代理で参列するときは、まず受付所で誰の代理から伝えてから香典を差し出し、記帳します。

職場の上司や同僚の代理で参列するときは、参列できない人の会社名、部署名、役職名、氏名を書いたその下や横に小さく「代」と書きます。

また、参列できない人の名刺の右肩に「弔」の字を、自分の名刺の右肩には「代」と記入し、一緒に差し出しても構いません。

妻が夫の代わりに参列するときは、夫の名前の左下に「内」と記します。

受け付け・記帳のマナー

1. コートや手荷物は預ける

コート、ショールなどは受け付けの前に脱ぎ、大きな手荷物があれば一緒に預ける。

2. 芳名カードを記入する

会葬者名簿に住所、氏名を記帳する。会社関係ならば、社名と会社の住所を書く。

3. 香典を差し出す

「このたびはご愁傷さまでございます」など、簡単なお悔やみを述べたあと、香典をふくさから取り出し先方に向けて差し出す。

4. 一礼してから式場へ

受け付けを済ませたら「お参りさせていただきます」と一言述べて一礼し、式場内へ入る。

第5章 参列のマナー

仏式拝礼について

焼香の作法について

焼香の順番がきたら、まず遺族と僧侶に一礼します。続いて祭壇の前に歩み寄り、本尊に深く一礼します。抹香は右手の親指と人さし指、中指の3本で軽くつまみ、目の高さにまでささげるようにおしいただき、下ろしてから静かに香炉にくべます。

回数は宗派で多少異なりますが、会葬の場合は、あまりとらわれることなく自分の宗派の回数で構いません。参列者が多い場合は1回でもよいでしょう。

焼香後は静かに合掌し、再び遺族、僧侶に一礼してから席に戻ります。

焼香の仕方（立礼）

- 遺族と僧侶に一礼
- 祭壇の前で一礼の後、右手で香をつまみ、目の高さまでおしいただく
- そっと香炉へ落とす
- 合掌後、遺族と僧侶に一礼してから戻る

焼香の回数（抹香の場合）

- 真宗大谷派…2回（額におしいただかず）
- 浄土真宗本願寺派…1回（額におしいただかず）
- 曹洞宗…2回（1回目は額におしいただき、2回目はおしいただかず）
- 浄土宗…1回または3回
- 天台宗…1回または3回
- 真言宗…3回
- 日蓮宗…1回または3回
- 日蓮正宗…1回または3回
- 臨済宗…1回

ただし、自分の宗派と異なる場合でも、心身を清め合掌するという目的は同じなのですから、回数の違いにあまりこだわらなくても構いません。

焼香の仕方（座礼）

- 祭壇まで進み遺族と僧侶に一礼
- 軽く合掌
- 右手で軽くつまみ、おしいただいてから香炉へ
- 合掌
- 遺族と僧侶に一礼してから戻る

142

第5章 参列のマナー

●仏式拝礼について

回し焼香の仕方

香炉を受けたら、次の方に「お先に」とあいさつを
→ 右手で香をつまみ目の高さにおしいただきそっと香炉へ落とす
→ 合掌する
→ 両手を添えて香炉を次の方へ

※地域によっては「浄銭」として小銭（100円程度）をおぼんに置いて焼香する場合もある

数珠は短いものが一般的

現在では珠の数や種類にはあまりこだわらない

数珠は念珠ともいい、仏事に欠かせない仏具の一つです。珠の数は108個にするのが正式で、仏様に合掌拝礼しながら百八つのけがれた心をはらうためのものです。珠の数が108個のものを「本連数珠」といい、珠の数が半分以下のものを「略式数珠」といいます。宗派により種類や用い方に多少の違いはありますが、会葬には自分の家の宗派のものを持参しても構いません。現在では珠の数や種類にはあまりこだわらず、短い数珠が一般的に用いられています。

数珠は左手で持つのが作法

数珠は持参するときは念珠入れに入れ、使わないときは左手に持つか、左手に掛けるかします。どんな場合でも畳やいすの上に置いてはいけません。合掌するときは、房が真下にくるように、両手の親指と人さし指の間に掛け、親指で軽く押さえるようにして合掌します。長い数珠の場合は両手の中指に掛け、両手の間でこすり合わせます。数珠は左手で持つのが基本で、焼香するときや合掌を終えたあとも必ず左手に持つようにします。

略式数珠の使い方

両手の親指と人さし指の間に掛ける

使わない時は左手で房を下にして持つ

本連数珠の使い方

本連数珠は宗派によって形や使い方が異なる

曹洞宗
そのまま合掌する
二重にして左手にかけ、房を下にして手に持つ

真言宗
そのまま合掌する
両手の中指にかける

第5章 参列のマナー

神式拝礼について

落ち着いて葬家の指示に従うようにします。

神式も基本的に流れは仏式と同じ

神道の葬儀は「神葬祭」と呼ばれ、意味内容は異なりますが、死亡から火葬までの大きな流れは仏教の葬儀とほとんど変わりません（詳細は57ページ）。そのなかで、故人に対し最後の別れを告げる最大の重儀が「葬場祭」で、仏式の葬儀・告別式に相当します。

神式において特徴となるのは「玉串拝礼」の仕方と、香典の代わりに「玉串料」を持参することです。服装も仏式と同じと考えて構いませんが、数珠は用いません。一般の会葬者は特別に身構えず、

「玉串拝礼」で故人を悼む

仏式の焼香に当たるのが玉串拝礼です。これは榊の枝に紙垂という紙を飾った玉串を供え、故人の御霊を拝むものです。

なお、葬場祭での拍手は、音を出さない「忍び手」です。普段神社などにお参りする際は、かしわ手を音を立てて打ちますが、葬儀ではゆっくり右手と左手を合わせながらも音を立てないようにします。

玉串拝礼の仕方

① 神職に一礼し、玉串を受け取る。根元が右側にくるように渡されるので、右手は根元近くを上からつまむように持ち、左手は下からさげるように受け取る。

② 受け取った形のまま玉串を目の高さまでおしいただき、続いて根元が手前にくるように時計回りに90度回す。

③ 左手を玉串の根元に、右手を枝先の下から添えるようにして左右の手を持ち替える。

④ 持ち替えたら時計回りに180度回し、根元を祭壇に向ける。

⑤ 左手を玉串の下から支えるように持ち替えて玉串を祭壇前の壇上に供える。

⑥ 数歩退いて故人を悼み、2回深く礼（二拝）をする。

⑦ 「忍び手」で2回かしわ手を打ち（二拍手）、再び深く一礼（一拝）をして数歩下がる。そして遺族ほかに一礼をしてから自分の席に戻る。

- 神式拝礼について
- キリスト教式について

第5章 参列のマナー

キリスト教式について

キリスト教では数珠を持参しない

キリスト教の葬儀は教会で行われますが、喪主、遺族、一般弔問客の区別はなく、故人の霊を慰めることを目的として会葬するのではなく、故人に花をささげることを目的として会葬します。葬儀は生前に神から受けた恵みを感謝し、故人を神の手にゆだね、天国で永遠の安息が得られるよう祈りをささげます。

マナーとしては、自分が仏教徒でも、キリスト教式の葬儀に数珠を持参してはいけません。服装は仏式の場合と同じと考えてもよいでしょう。

気を付けたいお悔やみの言葉

キリスト教式では、仏式の焼香の代わりに献花を行います。参列者は一人一人祭壇の前に進み、故人に花をささげます。花は菊やカーネーションのように茎の長い白い花が使われますが、会場に用意されていることがほとんどですので、参列者が持っていく必要はありません。

気をつけたいのがお悔やみの言葉。キリスト教式では、神の国への出発という意味がありますので、遺族に対し「ご愁傷さま」といった言葉は使えません。「安らかな旅立ちをお祈り申し上げます」といった言葉をかけ、一礼するようにします。

献花の仕方

① 順番がきたら祭壇の前に進み、係の人に向かって花が右側に、茎が左側にくるように両手で受け取る。

② 祭壇前で遺影に向かい一礼し、花の根元が祭壇に向くように、時計回りに回る。

③ 左手の甲を下にし、右手を下から支えるようにして花を献花台に置く。

④ 軽く頭を下げて黙祷し、深く一礼した後、数歩下がり、遺族と神父(牧師)に一礼して自分の席に戻る。

献花について

カトリックでもプロテスタントでも、キリスト教の通夜、葬儀では白い花をささげる「献花」が行われます。また、最近は無宗教形式の葬儀やお別れ会などでも、献花が行われることが増えています。花は白いカーネーションや菊が使われます。花は必ず両手で持ち、根元が祭壇に向くようにささげます。

第5章
葬祭のマナー

葬儀・告別式に参列したら

葬儀と告別式の違い

葬儀は、故人の成仏と冥福を祈り、僧侶が引導を渡す儀式とされます。原則としては遺族、近親者、特に親しかった友人だけで営まれます。

それに対して告別式は、友人・知人に加え、故人とゆかりのあった一般の方々が焼香することによって、故人と最後のお別れをする儀式です。

しかし、近年では葬儀と告別式を区別することなく、合わせて進行するケースが増えています。そのため、一般の弔問者も葬儀の時点から参列するようになっています。

早めに会場に入り着席して待つ

葬儀・告別式に参列する場合は定刻より早めに会場に行き受け付けを済ませ、係の人の特別な指示がなければなるべく控えめな席に座ります。

葬儀・告別式では、僧侶の読経・引導、弔辞の拝受と弔電の紹介、遺族・親族・参列者の焼香などが行われます。その後、棺の中の故人との「最後の対面」をし、棺に花を入れてお別れします。

火葬場への同行を求められたら断らないのが礼儀

一般会葬者は、お別れが終わった後はできるだけその場に残り、出棺を見送るようにしましょう。

出棺に先立ち喪主や親族代表のあいさつがあり、その後出棺となります。霊柩車（れいきゅうしゃ）が動きだしたら、頭を下げ合掌して見送ります。出棺を見送った後は静かに退出しますが、火葬場への同行を求められたら、できるだけ同行するのが礼儀です。

火葬場に到着すると棺は炉の前に安置され、僧侶の読経の後、喪主、遺族・親族、会葬者の順で

弔辞の読み方

遺影に一礼してから包みを開く

遺族に一礼して霊前へ

ゆっくり丁寧に読み上げる 紙は胸の高さで

読後、包み直して表書きを祭壇に向けて供える

一礼して席へ戻る

146

● 葬儀・告別式に参列したら

第5章 葬祭のマナー

焼香をし、火葬となります。

火葬が済むと二人一組となり一片のお骨を挟んで拾い上げ骨壺へと納める「骨上げ」を行います。故人との関係の深い順に1、2片のお骨を納めた後、順々に箸を受け渡しながら進められます。

弔辞はできるだけ引き受ける

弔辞は故人との思い出を語りつつ、故人の死を悼み、別れの言葉とするものです。遺族から弔辞を依頼されたときは、遺族の願いに応え、できる限り断らずに引き受けるのが礼儀です。

弔辞の内容は故人の人柄や業績をたたえ、追慕と感謝の気持ち、残された者の決意などを述べ、最後に遺族への慰めと別れの言葉で結びます。弔辞を読む時間の大体の目安は3分。400字詰め原稿用紙にして3枚ほどです。忌み言葉(136ページ参照)に気をつけ、美辞麗句を並べたり、形式的なものにならないよう、自分の言葉で書きます。

弔辞の際の奉書紙の使い方と包み方

①奉書紙(ほうしょがみ)を二つ折りにし、折り目を上にして書く。書いた面を内側にして縦に三つ折りにする

②中央に弔辞を置き、右側を折り、次いで左側を折る
上下を折り、表書きを弔辞と書く

友人への弔辞の文例

○○君

よもや君のご霊前でこのような弔辞を読むことになろうとは夢にも思っていませんでした。

大学時代から人一倍一生懸命だった君は、勉強でも遊びでもすべての面で私たちをリードしてくれましたね。

そんな君に私たちはどれだけ助けられてきたか分かりません。

また、君は持ち前のバイタリティーあふれる行動で仕事の業績を伸ばし、将来を有望視されていたと聞きます。

私もそんな君をみて、どれだけ励まされたことかしれません。

この数年はお互い多忙でたまにしか会えませんでしたが、会えば仕事のことや人生のことについて、

まるで学生時代のように語り合いましたね。もう、そういうこともできないのかと思うと残念でしかたがありません。

これから私たちは君の分まで頑張って生きていきます。

○○君　得がたい思い出をたくさん残してくれて本当にありがとう。

どうぞ安らかに眠ってください。

●上記文例は原稿用紙にして約1枚分程度です。この内容に故人とのエピソードなどを加え、分量を調整するとよいでしょう。

第5章 参列のマナー

法要に招かれたら

法要に招かれたら出席するのがマナー

法要に招かれたときは原則として出席するのがマナーです。法要の当日は不祝儀袋に現金を包むか、供物を持参します。

供物は線香、生花、果物、菓子など故人が生前好んだものを用意しますが、現在では現金を包むケースが多いようです。島根県では、四十九日法要から不祝儀袋は黄白の水引を使用するのが基本です。

表書きは
「御供物料」
「御香料」
「御仏前」など

地域によっては黒白または双銀の水引を一周忌まで使うこともあるようです。表書きは「御供物料」もしくは「御香料」「御仏前」などと記します。なお、「御仏前」については、浄土真宗では亡くなった時点から使用できますが、他の宗派では四十九日までの間は霊の状態でいるとされているため、四十九日法要から使用することとなります。

また、この「御仏前」は、親族がお寺に渡す「志」を用意する地域もあるようです。「志」には千〜二千円程度を包みます。

案内状が届いたら返事は早めに

一周忌までは喪服に近いものを着用

四十九日や一周忌など、一周忌までの法要には、男性はブラックスーツ、女性はブラックフォーマルなど喪服に近いものを着ます。それ以降は黒でなくても地味な色合いの平服で構いません。

お斎の席は施主に従い羽目を外さないように

法要が終わると、お斎という会食の席に移ります。お斎の席次は、最上席に僧侶が座る以外はあまり神経質にならなくても構いません。一般的には、施主からあらかじめ席次について指示が用意されているので、それに従います。

お斎では、故人の思い出を語りながら、和やかな雰囲気づくりを心掛けます。お酒が振る舞われることも多いのですが、お斎は宴席ではありません。故人と関係のない話題に夢中になったり、

●法要に招かれたら

第5章　参列のマナー

酔っ払って大声を出すなど、羽目を外さないように気を付けましょう。

神式では焼香ではなく玉串拝礼を行う ⛩

神式で仏式の法要に当たるものが「霊祭」です。近年は省略されることが多くなりましたが、本来は葬儀翌日の「翌日祭」から死後10日ごとに行われるものです。特に五十日祭は忌明けになる重要な霊祭ですので、盛大に行われることが多いようです。

式の内容やマナーを事前に確認してもよい ✝

カトリックでは死亡した日から3日目、7日目、30日目に「祥月命日」にミサを行い、節目となる10年目、20年目に盛大なミサを行うこともあるようです。

プロテスタントでは、死後1カ月目の召天記念日(亡くなった日)に記念式を行います。

いずれの儀式も教会で行われるのが一般的です。信者ではないために式の内容やマナーが分からない場合は、教えてもらっても失礼には当たりません。

マナーは仏式の法要とほぼ変わりませんが、焼香ではなく「玉串拝礼」が行われます(144ページ参照)。

供物料は、黒白または

銀一色の水引の不祝儀袋を使います。表書きは「玉串料」「御霊前」「御榊料」「御神前」などが一般的です。

また、キリスト教式では、参列者が生花を持参するほか、供物を贈る習慣はありません。お金を包む場合の表書きは、「御花料」とします(134ページ参照)。

欠席する場合の返信文例

亡き○○様三回忌のご案内を頂戴いたしましてありがとうございます。○○様には生前ひとかたならぬお世話になっておりました。何をおきましても参列すべきところ、あいにく出張の予定と重なってしまい、出席がかなわなくなってしまいました。いずれ改めてお線香など上げさせていただくつもりでございます。なお、同封のものははなはだ些少ではございますが、御霊前にお供えください。まずは、不参のおわびまで。

法要の装い一覧

四十九日法要	施主・家族・親族	男性		ブラックスーツ
		女性	和装	黒喪服の着物に黒喪帯、黒の小物の正式礼装
			洋装	黒無地のスーツ、ワンピース、アンサンブルなどに黒の小物の正式礼装
	同僚・親しい友人	男性		ブラックスーツ
		女性	和装	色無地の一つ紋、三つ紋付き、黒喪帯、小物は黒か地味な色を選ぶ
			洋装	準礼服、または地味でシンプルな略礼服

一周忌	施主・家族・親族	男性		ブラックスーツ
		女性	和装	黒に近いグレー、紫などの色無地の一つ紋、三つ紋付き、黒喪帯、黒の小物
			洋装	準礼服、または地味でシンプルな略礼服
	同僚・親しい友人	男性		ブラックスーツ
		女性	和装	黒に近いグレー、紫などの色無地の一つ紋、三つ紋付き、黒喪帯、黒の小物
			洋装	略礼服、または地味でシンプルな略礼服

第5章　参列のマナー なんでも Q&A

Q 幼い子どもを連れて通夜に参列するのは不謹慎ですか？

A 親族の場合や遠方での通夜・葬儀であればやむを得ませんが、一般の会葬の場合には、できれば幼児を連れての弔問は避けるほうが無難です。

通夜であれば一般の弔問客よりも早めに行き、世話役や遺族に事情を説明し、焼香などを終えたら、早めに辞去するようにしましょう。また、子どもには悲しみの席であることをあらかじめ話し、おとなしくするように言い聞かせておくことも大切です。

なるべく出口の近くの席に座る

Q 体調が悪いときに訃報が届いたら…。弔問はどうすべきですか？

A 家族はもちろん、親しい人の訃報はすぐにでも駆けつけるようにします。しかし、近年はコロナ禍などの影響もあり、自分の体調が悪いときや、遠距離の移動を避けた方がよい場合などは、弔問を控えるという判断も大切です。

そうした際は、遺族にお悔やみの言葉とともに伺えないことへのお詫びと理由を伝え、弔電（またはお悔やみの手紙）と香典を送ります。

Q 仕事の都合でどうしても法要に出席できそうにありません…

A 法要に招かれたならば、出席するのがマナーです。しかし、どうしても都合がつかず出席できないときや感染症の流行時には、案内状の返信にお詫びの一文を添えるか、電話で出席できない旨を伝えお詫びをします。そして、法要の前日までに届くよう、手紙とともに供花と供物料、または故人が好きだった品などを送り、仏前に供えてもらうと良いでしょう。

150

思いを伝えるエンディングノート

「絆」

※本人の意思が記されていますが、
法的な拘束力はありません。

お名前

記入開始日　　　　　　　　　年　　　　　　月　　　　　　日

記入終了日　　　　　　　　　年　　　　　　月　　　　　　日

私の略歴

※戸籍や住民票の写し、免許証などを見て、間違いのないように書きましょう。

氏名	
生年月日	血液型
本籍地	
出生地・ゆかりの土地	
現在の住所	

名前の由来	

資格・免許	

学歴	

〈キリトリ線〉

152

私の略歴

職歴		
受賞・勲章 など		
趣味・好きなものなど	座右の銘	
	趣味	
	好きな本・映画・音楽	

参加している会・グループなど	名称	
	内容	
	連絡先	
	名称	
	内容	
	連絡先	

そのほかに伝えておきたいこと	

153

わが家の家系図

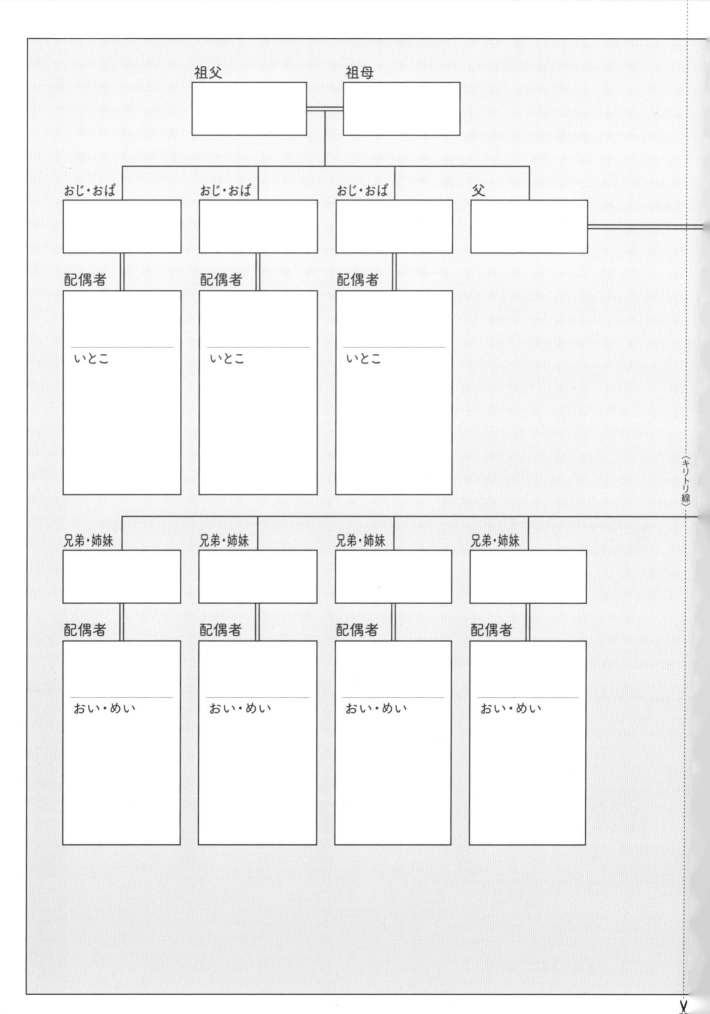

判断力が衰えたときなど

※該当する項目に ☑ チェックを入れ、ご記入ください。

治療が難しい病気になったときには

☐ 病名、余命を告知してほしい ☐ 告知してほしくない

☐ 病名だけを告知してほしい ☐ そのほか

延命治療について

☐ 延命治療を望む

☐ 延命治療を望まない ☐ そのほか

尊厳死について

☐ 尊厳死宣言公正証書または宣言書を作成している

☐ 尊厳死宣言公正証書または宣言書は作っていない

☐ 尊厳死について私の考え

認知症になったときの財産管理は、次の人に管理してもらいたい

☐ 配偶者

☐ 子　　　　名前

☐ 親　戚　　名前

☐ そのほか　名前

判断力が衰えたときなど

☐ **任意後見制度を利用して、後見人を決めている**

後見人の氏名・法人名	
後見人の住所	
後見人の連絡先	
公証役場の名称	
公証役場の連絡先	
公正証書番号	
公正証書の保管場所	

臓器提供について

☐ **希望する**　提供を希望する臓器

☐ **希望しない**

臓器提供意思表示カードを

☐ **持っている**　カードの保管場所

☐ **持っていない**

自分の遺体を献体することについて

☐ **希望する**　　☐ **希望しない**

献体を希望している場合

☐ **献体登録している**　登録証の保管場所

| 登録している大学・団体の連絡先 | 名称 | |
| | 電話 | |

☐ **献体登録していない**

葬儀について

※該当する項目に☑チェックを入れ、ご記入ください。

私が死んだ際には

- ☐ 葬儀を行ってほしい
- ☐ 葬儀は必要ない
- ☐ 家族に任せる

葬儀の準備について

- ☐ 葬儀の生前予約をしている
- ☐ 互助会に加入している
- ☐ 特に準備していない

生前予約をしている場合

予約先名

担当者名

連 絡 先

契約内容

互助会に加入している場合

予約先名

担当者名

連 絡 先

契約内容

葬儀費用について

- ☐ 用意している
- ☐ 用意していない

預け先

〈キリトリ線〉

158

葬儀について

葬儀を行ってほしい寺院や教会

☐ 希望がある   ☐ 特に希望はない（家族に任せる）   ☐ 無宗教で行ってほしい

寺院・教会名

住所

連絡先

戒名について

☐ すでに戒名を
　いただいている　　戒名

☐ 特に希望はない（家族に任せる）   ☐ 無宗教で行ってほしい

喪主の希望

☐ 喪主になってほしい人がいる   ☐ 特に希望はない

名前

棺について

☐ 棺についての希望がある   ☐ 特に希望はない

具体的には

☐ 棺に入れてほしいもの

具体的には

葬儀に望むこと

家族・親戚以外で訃報を知らせるべき人

氏　名

関　係

連絡先

氏　名

関　係

連絡先

氏　名

関　係

連絡先

氏　名

関　係

連絡先

氏　名

関　係

連絡先

氏　名

関　係

連絡先

氏　名

関　係

連絡先

〈キリトリ線〉

家族・親戚以外で訃報を知らせるべき人

氏　名

関　係

連絡先

氏　名

関　係

連絡先

氏　名

関　係

連絡先

訃報を知らせる際の希望

遺言・遺品処分について

※該当する項目に☑チェックを入れ、ご記入ください。遺言を作成している場合は、遺言の種類を選んでください。

遺言について

☐ **作成してある**　　　☐ **作成していない**

遺言の種類	自筆証書遺言　・　公正証書遺言　・　秘密証書遺言

保管してある場所

※ 公正証書を作った
　公証役場の名称

※公証役場の連絡先

※遺言の公正証書番号

※印の付いている項目は、公正証書遺言の場合に記入してください

遺言の作成年月日

　　　　　　　　　　　　　　　　　年　　　　　　月　　　　　　日に作成

遺言についてのメモ

〈キリトリ線〉

162

遺言・遺品処分について

財産について

☐ 不動産

居住の土地・建物

その他の不動産

所有地

貸借不動産

所有地

☐ 預貯金

金融機関名

支店名　　　　　　　　　　口座の種類・番号

連絡先

金融機関名

支店名　　　　　　　　　　口座の種類・番号

連絡先

自宅の金庫　　　　　　　　　　　　貸金庫

設置・保管場所　　　　　　　　　　金融機関名　　　　銀行　　　　支店

暗証番号・鍵の保管場所　　　　　　暗証番号

☐ 株式・投資信託

金融機関名・支店名

支店コード・口座番号　　　　　　　　　　担当者・連絡先

金融機関名・支店名

支店コード・口座番号　　　　　　　　　　担当者・連絡先

☐ 生命保険・損害保険・火災保険

会社名

保険の種類・商品名

証券番号　　　　　　　　　　　　　　　担当者・連絡先

会社名

保険の種類・商品名

証券番号　　　　　　　　　　　　　　　担当者・連絡先

☐ そのほか、ゴルフ会員権など

種類　　　　　　　　　銘柄

連絡先

遺言・遺品処分について

遺品について

□ パソコン・タブレットについて

○起動時のパスワード（   ）

○内容を見ないでほしい　　　　　○内容を見られてもかまわない

○内容を消去して廃棄処分してほしい

○内容を消去してから使ってもらってかまわない

□ スマートフォン・携帯電話について

○起動時のパスワード（   ）

○メーカーのログインID・パスワード

　(ID:)／(パスワード:)

○内容を見ないでほしい　　　　　○内容を見られてもかまわない

○内容を消去して廃棄処分してほしい

　※定額課金サービスについて

○利用しているサービスがある

○サービス名・会員ID・パスワード

　(ID:)／(パスワード:)

○サービス名・会員ID・パスワード

　(ID:)／(パスワード:)

165

☐ 日記・手紙について

○書いている（保管場所　　　　　　　　　　　　　　　　　　　）

○読んでもかまわない　　　　　　○読まずに焼却処分してほしい

○私の棺に一緒にいれてほしい　　○判断を任せる

☐ 趣味の品について

品名（　　　　　　　　　　　　　　　　　　　）

○（　　　　　　　　　　　　　）にもらってほしい

○（　　　　　　　　　　　　　）に寄付してほしい

○処分してもらってかまわない　　○判断を任せる

品名（　　　　　　　　　　　　　　　　　　　）

○（　　　　　　　　　　　　　）にもらってほしい

○（　　　　　　　　　　　　　）に寄付してほしい

○処分してもらってかまわない　　○判断を任せる

☐ その他の遺品、家財道具の処分など

遺言・遺品処分について
埋葬について

埋葬方法の希望

☐ **菩提寺または先祖の墓に納骨してほしい**

お墓の場所

お墓の管理人

☐ **生前に用意した墓・納骨堂などに納骨してほしい**

お墓の場所

お墓を建てた日

お墓の費用　　支払い済み　　未払い　　私の預貯金を使ってほしい
（　　　　　　　　　　　　　　　　預金）

☐ **新たにお墓を建てて納骨してほしい**

墓地の希望（場所）

墓石の希望（デザインなど）

墓碑銘の希望

☐ **家族に任せる**

☐ **お墓はいらない**

樹木葬を希望する　場所

散骨を希望する　場所

海洋葬を希望する　場所

その他

埋葬について

〈キリトリ線〉

菩提寺または先祖のお墓について

建てられた日

建てた人

納骨されている人

そのほか希望の場所がある

場所等

理由

埋葬について
大切な人へのメッセージ

メッセージ　　　　　　　　　　　　　　　　　　　へ

メッセージ　　　　　　　　　　　　　　　　　　　へ

メッセージ　　　　　　　　　　　　　　　　　　　へ

メッセージ　　　　　　　　　　　　　　　　　　　へ

大切な人へのメッセージ

〈キリトリ線〉

大切な人へのメッセージ

形見分けの希望

形見の品

贈りたい人

保管場所

メッセージ

形見の品

贈りたい人

保管場所

メッセージ

形見の品

贈りたい人

保管場所

メッセージ

形見の品

贈りたい人

保管場所

メッセージ

エンディングノート「絆」の使い方

エンディングノート「絆」は、やがて訪れる人生の最期に備え、
自分がどのように生きたのか、どのように人生を締めくくりたいのか、
残される人たちに伝えるためのノートです。
もしものとき、残された人たちが故人の気持ちをくみ取りやすくなるよう、
各項目に希望などを書き込みましょう。

■各項目について

私の略歴

履歴書のようなものです。いつ、どこで生まれ、どのような経歴があり、どのようなものが好きだったのか。家族でも知らないことがあるはずです。

わが家の家系図

家系図は将来、子や孫たちが親戚付き合いをするときに役立ちます。氏名以外にも続柄や生年月日、故人には×印を付けるなどしてもよいでしょう。

判断力が衰えたときなど

治療が難しい病気になる、認知症になる、重大な事故に遭うなど、存命中でも自身でさまざまな判断を下すことが難しくなる場合に備えます。

葬儀について

本書では、おもに第1章「終活のススメ」で記されていますが、費用、式の形式など、本人の葬儀に対する希望を書き込むものです。

家族・親戚以外に訃報を知らせるべき人

友人や知人の連絡先をまとめておきましょう。たとえ全員でなくても、他の人にも連絡してくれそうな人を記入しておけば問題ありません。

遺言・遺品処分について

葬儀の後に行わなければならないことです。第1章「終活のススメ」を参考にしてください。
パソコンなどのパスワードや金庫の暗証番号は、人には見られないほうがよい重要な情報です。特に、インターネットで株式投資などの金融取引をしている場合は、管理には十分気をつけましょう。
また、金庫について詳細を記入する際には、防犯上の注意を怠らないこと。エンディングノートが不用意に人の目に触れないよう、厳重に管理してください。

埋葬について

多様化するお墓や埋葬について、どのようにしてほしいか、第1章「終活のススメ」を参考にしながら記入しましょう。

よく分かる 島根県の葬儀と法要

●参考文献・資料

新潟県の葬儀と法要 保存版(新潟日報事業社)
葬儀 するべきこと・進め方(西東社)
葬儀・法要・相続・供養のすべてがわかる本(永岡書店)
決定版 葬儀・法要・相続 マナーと手続き事典(主婦の友社)
新しい葬儀と法要 進め方とマナー(主婦の友社)
真宗門徒 新潟の仏事 新装版(新潟仏教文化研究会編／考古堂書店)
新・お葬式の作法 遺族になるということ(碑文谷創著／平凡社)
よくわかるお葬式(英和出版社)
新潟喪主必携マニュアル(アークベル)
知って得する民法(萩谷雅和・松江協子・渡辺一成著／ナツメ社)
お葬式豆事典(JA葬祭)
小さな葬儀と墓じまい(自由国民社)
身近な人が亡くなった後の手続のすべて(自由国民社)
困らない もめない 親が亡くなった後の届出・諸手続き(西東社)
新版 葬儀・法要・相続・お墓の事典(西東社)
葬儀とお墓の「新常識」(徳間書店)
お葬式の後にすること 後悔しない法要・相続・遺産整理(法研)
家族が亡くなったときの手続きどうしたら?事典(滋慶出版／つちや書店)
家族が亡くなった後の手続きと届け出事典(ナツメ社)
迷わずできる葬儀のあとの手続きのすべて(大泉書店)
葬儀・法要・相続 マナーと手続きのすべて(主婦の友社)
クロワッサン特別編集 身内が亡くなったときの手続き(マガジンハウス)
書き込み式エンディングノート(NHK出版)
デジタル遺品の探しかた・しまいかた、
残しかた＋隠しかた(日本加除出版)
冠婚葬祭のマナー新常識(主婦の友社)

いい葬儀　http://www.e-sogi.com/(鎌倉新書)
いいお墓　https://www.e-ohaka.com/(鎌倉新書)
葬儀支援ネット　http://www.sougisupport.net/index.html
小さなお葬式　http://www.osohshiki.jp/

●監修
島根県葬祭業協同組合

●協力
木ノ下税理士事務所
野島法律事務所
足立石材株式会社
出雲大社教
出雲教
錦田剛志(島根県神社庁参与)
日本聖公会 日本キリスト教会
松江地方法務局
株式会社ゆうちょ銀行
西日本電信電話株式会社

●企画
山陰中央新報社、新潟日報メディアネット

●取材・文
山陰中央新報社、横山博之、野村尚志

●デザイン／イラスト
荒木正明／片山千恵子、北沢 孝

●カバーデザイン／イラスト
work wonders／坂本雅美

よく分かる 島根県の葬儀と法要
2024年12月27日　初版第1刷発行

発行者／松尾倫男
編集・発行／山陰中央新報社

【出版部】〒690-8668 松江市殿町383
　　　　　TEL 0852-32-3420　FAX 0852-32-3535
　　　　　https://www.sanin-chuo.co.jp

印刷所／今井印刷株式会社

©The San-in Chuo Shimpo Newspaper Co.,Ltd 2024
乱丁・落丁本は送料小社負担にてお取り替えします。定価は裏表紙に表示してあります。

ISBN 978-4-87903-265-2

本書のコピー、スキャン、デジタル化等の無断複製は著作権上での例外を除き禁じられています。
本書を代行事業者等の第三者に委託してスキャンやデジタル化することは、たとえ個人や家庭内
での利用であっても著作権上認められておりません。